ほめられると伸びる男 ねぎらわれるとやる気が出る女

95%の上司が知らない部下の取扱説明書

Ritsuko Sato
佐藤律子

青春出版社

はじめに

この本を手に取ったあなたは、会社で思ったように部下に動いてもらえなかったり、異性の部下をまとめるのにとても苦労しているのかもしれません。はたまた女性部下との会話は「セクハラ」にならないように気をつけていたり、男性部下に不公平感を与えないようにあえて女性にも男性と同じ厳しさを出している方もいることでしょう。

しかし、その気遣いが部下の生産性を下げているかもしれないとしたら……。それほどもったいないことはありません。

デキる上司は男性部下と女性部下の違いを知っています。違いを知っているからこそ、男女で「接し方」を変え、成果を上げることができるのです。

たとえば、プロジェクトがうまくいったとき、デキる上司は部下に「みんなよくやった」とは言いません。

男性部下には「今回のプレゼン最高だったよ」とストレートに結果を褒める一方で、女性部下には「遅くまで資料づくりをがんばってくれたおかげだね。ありがとう」とねぎらいの言葉をかけるでしょう。

なぜなら、**男性はプライドや体裁をとても気にする生き物**です。

「男は強くなければならない」

「男は負けてはならない」

「男はヒーローでなければならない」

「男は女を守らなければならない」

というような価値観の元で育ってきたからです。だから負けを認めたくないし、傷ついてもそれを見せたくない、プライドが高いのです。否定的なメッセージに弱く、辛い、悲しい、苦しい、などの感情はなるべく自分の中に抑え込みます。

つまり、批判や干渉やダメ出しはモチベーションを下げる一方、褒めてプライドをくすぐると、どんどん伸びていきます。

女性は愛嬌と協調性が大切だと育ちます。

「女は可愛くなければならない」
「女は優しくなければならない」
「女は協調性が高くなければならない」
「女は男に守られるものだ」

基本的に女性は、男性に活躍してほしい、守ってもらいたい願望が強いものです。ですから、どれだけ協力したのか貢献力を認めてもらえるとうれしいと感じるのです。

このように違いがあるからこそ、仲良くなれるし衝突もします。

何が男らしくて、何が女らしいのか?

人によって解釈は違うかもしれません。しかし**男性と女性は、性格、趣味、考え方、行動など違うことばかりであり、異性のことが理解できないのは当然**です。

わたしは生物学、環境学、社会学、心理学など男女間におけるありとあらゆる学問をミックスして、**男女の違いを体系化した「異性間コミュニケーション」を考案**しました。異性間コミュニケーションによって恋愛や夫婦の問題が解決することはもちろん、恋愛感情を介さない男女間である職場でも問題解決の効果を発揮することは、今まで3万人の受講者が体現しています。

特に現在では、女性も男性並みに活躍することが普通になってきました。しかも仕事も家事も育児もやらなければならないので、男性以上に忙しいという、今まで経験がない世の中になろうとしています。

時代の変化とともに女性の社会進出がこれからも進んでいくことを考えると、「部下の接し方」も男女で見つめ直してもいいのではないでしょうか。約95%もの上司が苦手意識を持っているといわれる「異性の部下」とのかかわり方を知ることは、ますます上司にとって必要不可欠なスキルとなっていくことでしょう。

目次

序章　部下が動かないのは〝男女の違い〟を知らないのが原因だった

1章 男性部下と女性部下はこんなにも仕事の仕方が違う！

2章 男性部下と女性部下の成果が上がる動かし方

3章

男性部下、女性部下とのより良い関係の築き方

4章 仕事のさせ方を知らないと起こる！ハラスメント

終章

男女の違いがわかると仕事はもっとうまくいく！

本文イラスト　牧野良幸
本文デザイン・DTP　黒田志麻

序章

部下が動かないのは〝男女の違い〟を知らないのが原因だった

「働くこと」の意識、環境が変わり始めた

20年前に企業戦士と呼ばれた男性たちに鼓舞されたキャッチコピーは、「24時間、戦えますか?」でした。セクハラやパワハラという言葉もなく、そういう振る舞いが当たり前だった時代。

しかし、今の若手社員や女性社員が心惹かれるキャッチコピーは、「プライベートが本業です」に変わりました。たった20年で、こんなにも激変するのか！と思いませんか?

「ピーターの法則」という理論があります。「ピーターの法則」とは、南カルフ

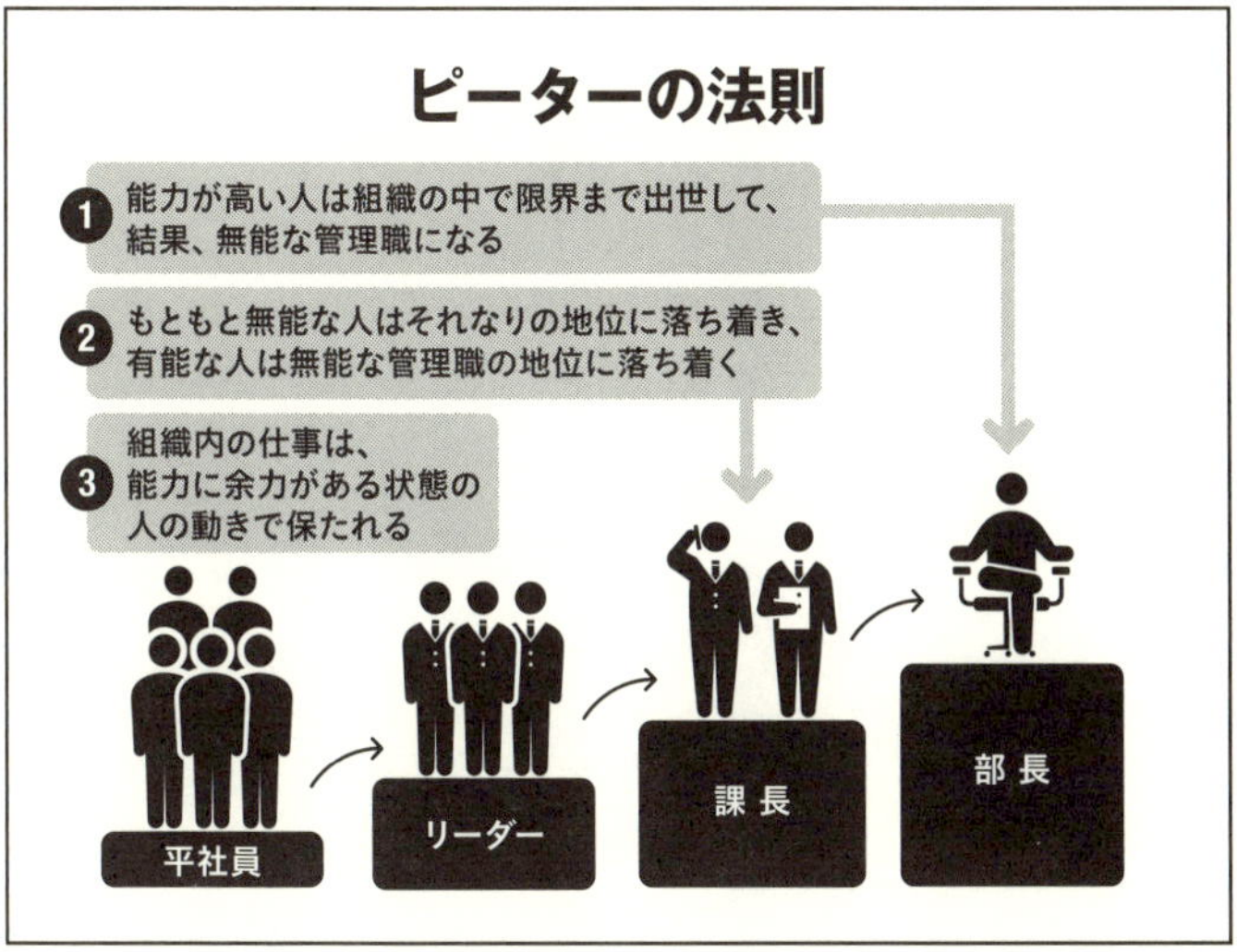

ォルニア大学教授の教育学者ローレンス・J・ピーターが1969年に提唱した社会学の法則です。ピーターの法則は成果主義の欠陥を指摘した理論としてよく知られています。

ピーターの法則を要約すると3つ。

❶仕事の能力が高い人は組織の中で能力の限界まで出世して、結果、無能な管理職になる

❷もともと無能な人はそれなりの地位に落ち着き、有能な人は無能な管理職の地位に落ち着く

❸組織内の仕事は、能力に余力がある

状態の人の働きで保たれる

これを知ったとき「へぇー！」と声が出てしまいました。

たとえどんなに有能な人材でも、限界まで出世すると、無能になってしまうというのです。たしかに、優秀な営業マンが優秀な営業課長になるとは限りませんよね。

出世させることが必ずしも良いことではないということです。

企業で偉くなることが大事なことではなく、自分らしくいきいきと働きたい人が多くなってきました。事実、女性社員が昇進をしたがらないとか、ずっとヒラ社員でいたがる男性社員が増えてきたなど、かつて勢いがあった時代とは「働くこと」の環境が変わってきたのだと思います。

「セクハラ」「パワハラ」を避けようと職場の会話が減っていませんか？

最近、女性部下に対してセクハラやパワハラなどを心配して、コミュニケーションが少なくなってきていませんか？

男性の上司にとって、男性部下のほうが使いやすいと感じる人が多いでしょう。理由は、「言いやすい、話がしやすい」や「気を遣わなくていい」からです。

次いで「同性だから」。

「セクハラの心配がない」という声もありました。

セクハラやパワハラが社会で問題となるにつれて、男性上司が女性部下を褒めなくなってきています。

仕事ぶりや能力を褒めることは増えてきましたが、外見を褒めることが著しく少なくなってきました。実はそれは、女性にとってモチベーションが下がることなのです。


女性部下がとても似合うオシャレな服装をしてきたとき、

「似合うよ。かわいいね」

と言えますか？

女性のファッションは、身だしなみの他に「褒められたい」という欲求も含まれています。


よく見ると、何となく気合いが感じられる褒めどころがわかります。

「青いスカート似合っているね」

「そのスカーフの結び方、オシャレだね」

など客観的な視点で褒めれば、セクハラ要素はほとんど感じられません。

女性部下とのコミュニケーションのために「褒める」会話を積極的にしていきましょう。

女性はコミュニケーションが男性よりも好きです。それを省略してはいけません。

「〝指示だけ職場〟ではモチベーションが下がり、離職率が上がる」

「これ、○○までにやっといてね」

と言って、期限の日にできているだろうと思って部下に聞くと、

「すみません。まだできていません」

と答えられた場合、あなたはどうしますか？

「え？　何で？　やっといてって言ったよね？　どうしてやらないの？」

など部下を責め立てますか？　それとも、

「こんなこともすぐにできないなんて大丈夫？」

と嫌味たっぷりに言いますか？

もちろん、期日までに仕事ができなかった部下も悪いです。でも、くどくど注意しても、嫌味たっぷりに言ってもあまり意味がないのです。

このような場合には、女性部下に自ら期限を再設定させて、その期日までに仕上げられるよう上司へ進捗状況を報告させるようにしましょう。そうすれば「わたしを気にかけてくれている」とコミュニケーションも増えて、信頼関係も築くことができます。

「男女の役割分担は〝狩猟・採集の時代〟からあった」

そもそもビジネスの現場は男性社会。業績を伸ばすためには〝性差を正しく理解したコミュニケーション〟が必須です。

男女の脳の違いの原点は数百年前にさかのぼります。

・男性の脳は狩猟脳
・女性の脳は採集脳

男性の脳が狩猟脳になったのは、人間が進化する過程で、男は強くある必要があり、狩りをすることが生きるために必要だったから。自分の身体ぐらいの獲物や、それ以上の大きな獲物をやっつけに行くのは男の役目でした。

長い狩猟生活のなかで、狩猟脳を持つ男性が得た能力は3つあります。

・夢を追う能力
・戦略を考える能力
・創意工夫する能力

男は狩りが成功するために仲間と組織をつくり、作戦を練り、武器をつくり、成功を夢みて、命がけで獲物にアタックしたのです。

さて、女性の脳が採集脳になったのは、木の実や山菜を採りに行っていたから。木の実や山菜は、狩りと違って、正しい知識を持っていれば、だいたい目的通りに採取することができます。だから夢を見る必要がなく、正しい知識を得て確実に採取を行っていました。

そして集落において、子育てや日常生活をしている中で、隣近所のお互いの協

男女で違う能力の特徴

「狩猟脳」を持つ男性	「採集脳」を持つ女性
狩猟生活で得た能力	採取生活で得た能力
夢を追う能力	現実を見る能力
戦略を考える能力	日常の観察力
創意工夫する能力	環境に対応する能力
活かすには	活かすには
成功を実現するために、組織をつくり、作戦を練り、アタックすること	協力して、周囲に注意しながら、正しい知識で確実に成果を得ること

力が必要であり、子どもを危険から守るためにも周囲に注意して危険を察知する必要がありました。

そうした役割の採取生活の中で、採集脳を持つ女性が得た能力は3つあります。

・現実的を見る能力
・日常の観察力
・環境に対応する能力

男性と女性の役割は、このように違うのです。この役割分担を現代に当てはめるのも、働きやすい方法です。

このままでは"女性活躍推進"もただの理想で終わる

女性部下の取扱説明書があったらほしいと思いますか？

私が新入社員としてＯＬをしていたころは、会社を支える男性社員と補助的業務で「お嫁さん候補」の女性社員というように、会社には明確な線引きがありました。このような「上に立つ男性」「守られる女性」といった構図の中でのコミュニケーションは、通常円滑に進むものなのです。

しかし、女性が当たり前に管理職になる現代において、企業の男女間のコミュニケーションは複雑さを増してきました。男性部下の扱いに困る女性課長、同僚の女性とうまくやれない男性社員、セクハラ・パワハラになるのではと恐れる管理職男性。

みなさん、相手とどのように接したらいいのか、答えを見つけられず悩んでい

働く男女の比率

就業者の割合

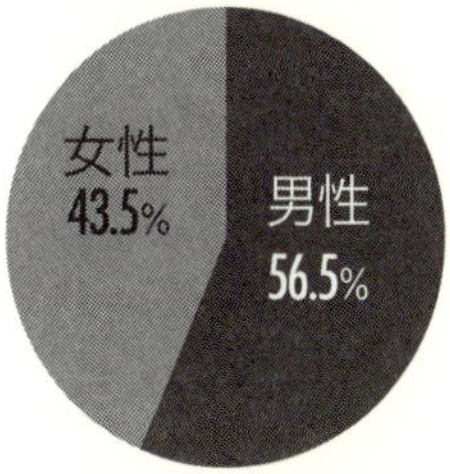

管理職の男女比

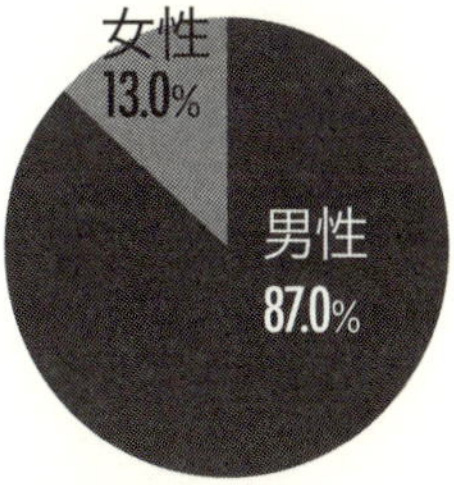

女性の年齢別就業率

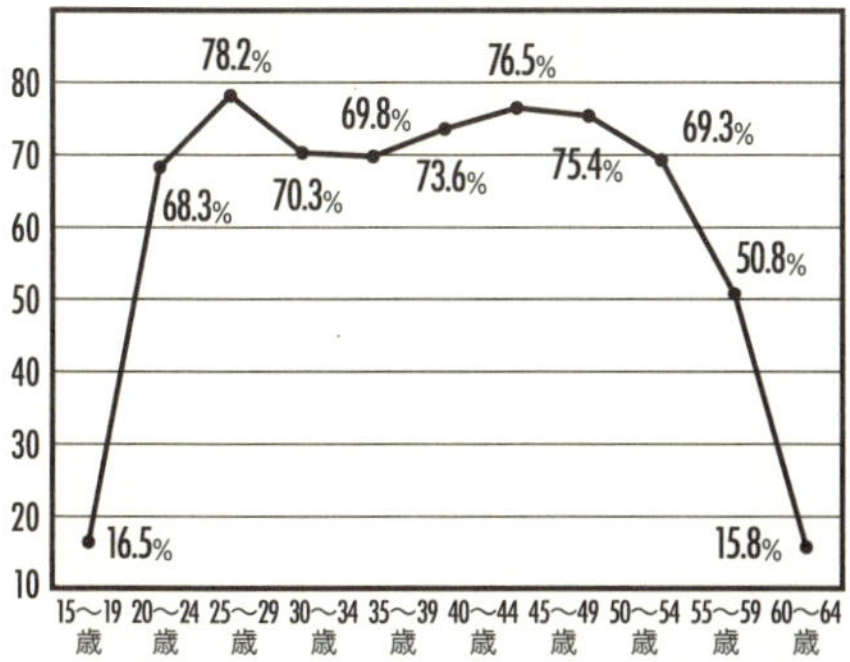

労働力人口の総数に対する女性の割合は年々増えてきている。しかし、いまだに半数以上は男性であり、「25〜29 歳」(78.2%)と「45〜49 歳」(76.5%)を左右のピークとするM字カーブは解消されていない。このため、女性管理職の比率が増えてきているとはいえ、まだまだ少ないのが現状。

出典：総務省「労働力調査」

るのです。

ある調査で、「男性と女性のどちらの部下が扱いやすいか?」との質問に、「女性!」と答えた男性管理職は、4.5%!

とてつもなく少ないです。

かなり多くの男性が女性部下に対して「面倒くさい」「扱いにくい」と思っているのですね……。

たしかに女性と男性は違いますから、男性にはわからないことも多いと思います。かなり多くの男性が女性部下に対して扱いにくいと感じていました。

95・5%が女性部下を苦手だと思っている。これは、チャンスです!!

この苦手意識を異性間コミュニケーションで克服したら、女性がより一層、力を発揮することができて、より良い職場環境をつくれて、売上げがアップするのは間違いありません!

95・5%の男性が、女性部下を扱いにくいと思っている事実。

克服したら、ぜったいカッコイイですよね。

1章

男性部下と女性部下はこんなにも仕事の仕方が違う！

ビジネスの場に〝なかよし〟はいりません。
でも、必要最低限の言葉しか交わさない関係では、
仕事はうまくまわりません。
特に、上司と部下という関係ではなおさら。
では、どうしたらいいのか？
〝デキる上司〟は男性部下と女性部下の違いを知っています。

「部下はどんな気持ちで働いているのか？」

☑ 男性部下は「手柄を立てたい」と思っている

脳科学的に考えると男性の脳は女性に比べて攻撃的です。

ですから、男性が気持ちを重視して行動するようになると、表れる感情の多くが攻撃的なものや性衝動的なものになってしまうといわれています。自然界では、オスは自分の遺伝子を残すために、他のオスとメスを取り合います。だから、これは自分の遺伝子を残すためのプログラムともいえるかもしれません。

しかし、現代社会では本能のままに行動することはできません。そのため男性は、女性から見ると徹底的に組織や社会、法律などのルールを重んじて理性を保つようにしているのです。縦社会に従順なのもそのため。

男性は同性に向けるのと同じ目線を、女性にも向けてしまう人がいます。特に「できる女性」がいると、それだけで「負けないぞ！」と闘志を燃やしてしまう。

一方、女性は男性をライバル視することはほとんどありません。

女性にとって「勝つこと」は、さほど重要なことではないからです。

☑ 女性部下は「職場で平穏」にすごしたいと思っている

女性の多くは「相手を蹴落として自分が出世する」といった意識はありません。逆に「目立ちすぎたら嫌われるかも……」というような心配を抱えています。

目立つことを避けたいという気持ちが働くため、自分の仕事の成果を声高に言うことを遠慮するのです。「自慢にならないか？」「空気を読めないと思われないか？」と。男性は、仕事をがんばる女性がそんな不安を抱えているのだ、ということをまずは理解してあげましょう。「自分はあなたのがんばりをわかっている」と女性の仕事の成果を認めてあげることができたらかなり信頼度が増しますよ。

上司 虎の巻

働いているときの部下の気持ち

女 悪目立ちしたくない…　**男** 手柄を立てたい!

対策

男性部下へ

特に力を入れてほしいのはここ。チャレンジしてみてくれ

男性部下の闘志がライバルではなく、仕事へ向かうよう誘導する

女性部下へ

はじめてで不安かもしれない。わからない部分は一緒に考えながら進めよう

女性部下の不安を理解し、解消できるようなアドバイスをする

「部下はどんなときに辞めたいと思うのか？」

☑男性部下は「負けた」と思ったときに辞めたいと思う

男性の人間関係は縦社会。

年齢、地位、肩書きによって上下関係を決め、それに従うのは男性にとっては当たり前のこと。特に上下関係が「見える化」する肩書きを与えられると、男性は当たり前のように、組織の中で闘い、序列を確定していきます。

「勝ち」「負け」によって仕事のモチベーションが上がるのもそのためです。

男性は、組織やグループ内での序列に非常にこだわります。たとえば、Aさんは部長、同期のBさんは同じ役職。Cさんは年下だけど役職が上。このような情報がないと、安心してふるまうことができません。序列がわかって初めて安心して能力を発揮できるのが男性です。

さらに男性は、縦社会の序列をはっきりさせるために、年齢を非常に重視します。自分より年下だと思ってタメ口で話していた相手が年上だとわかったとたん、急に敬語に変わる……。このようなことが多々あります。

経歴が自分よりも下、年齢が自分よりも下、自分より下だと思っている女性。つまり「自分より格下」の人間に追い抜かれたとき、男性は仕事への意欲をなくします。

☑ 女性部下は「つながりを断たれた」ときに辞めたいと思う

女性にとっての仕事の目標は、人生の豊かさを得る「やりがい」が重視されます。自分の好きな仕事、得意な仕事、誰かの役に立つ仕事という「ステージ」で、キラキラ輝きたいと思っています。

組織より自分の「やりたい仕事」が優先なので、転勤を命じられたり、違う部署(やりたくない仕事)に異動させられると、あっさり転職したり、辞めたりします。

このように、男性と女性は組織に対する考え方が違うので、温度差を感じることがあるかもしれません。

女性は仕事のやりがいと同じくらいに、「つながり」を断ち切られることに対しても拒否感を感じます。

ですから転勤によって家族、恋人、友人とのつながりが断ち切られそうになると、あっさり会社を辞めて、自分の今いる環境を選ぶのです。優秀な女性社員を手放さないためには、細かいケアが必要なのです。

上司 虎の巻

部下が「辞めたい」と思う瞬間

女 やりがい、つながりが断たれたとき

男 自分より下だと思っていた人に負けたと思ったとき

対策

男性部下へ

君も販売実績が上がってきているじゃないか！もう一息だよ

男性部下の成長している部分を教えてあげる

女性部下へ

やりたいと言っていた企画に関わるチャンスだよ。挑戦してみよう

マメなコミュニケーションで女性部下の意向を知っておく

「部下が心を開く上司とは？」

☑ 男性部下は上司を「師匠」と仰ぐ

男性の仕事の目標は、地位、名誉、お金を得ることによって、社会的に出世することです。そんな男性にとって、組織の命令は絶対ですから、たとえ急な転勤や部署移動にも素直に従います。

なぜなら、「いずれ自分も組織内で権力をつかみ取りたい！」と思っているからです。権力をつかむために、今は権力者（上司）に従う。こうして、男性のわかりやすい上下関係ができあがります。特に、上昇志向の強い男性ほど権力者に気に入られようとふるまいます。

男性は上司の仕事の範囲を「仕事の効率が上がるチームづくり」と考えています。部下に的確な指示を出し、やる気を引き出す。これが上司の仕事です。

男性部下は上司を「師匠」として尊敬しながら、仕事の結果を出すことにやりがいを見出しています。

☑女性部下は上司に「お父さん」を求める

女性部下は心のどこかで、上司に「お父さん」や「お兄さん」を求めています。ですから仕事の範囲にプラスして「職場での雰囲気づくりや、部下である私のメンタルケア」までを求めているのです。これはもしかすると、男性上司には思いもよらないことかもしれません。

上司に身内的な感覚を持つので、仕事や組織に問題が見つかると、上司と「共有したい」と思います。問題解決のためではなく「共有」だけが目的で上司に〝報連相〟していることが多いのです。女性部下とのコミュニケーションは、「わかっているよ」の共有意識が大事なのです。

男性上司の皆さんは、女性が何かを相談してきたとき、「それはムリだろう」と思ったとしても、すぐに口に出してはいけません。

まずは「そうか、そうか」と優しく聞いてあげることです。解決できなくても、聞いてもらっただけで女性の不満のほとんどは解消されます。たとえ、ダメだとわかっている場合でも、話をよく聞いて「検討して後ほど報告する」と伝えるだけでよい関係を築くことができます。

他に具体的に何をすればいいのかといえば、体調を気遣ったり、出張に行ったらおみやげを買って来たり。そんなことと思うかもしれませんが、実際にやっている人は少ないでしょう。〝そんなこと〟でも十分効果があるのです。

上司 虎の巻

心を開こうと思える上司像

女 「お父さん」と思える人

男 「師匠」と思える人

対策

男性部下へ

Dくんは Z社の対応を頼む、Eさんはすぐに工場のラインを調査して!……

的確な指示でリーダーシップを示す。特に不測の事態やピンチのときに有効

女性部下へ

おみやげだよ。出張先で見つけたスイーツなんだ。休憩のときにどうぞ

おみやげを買ってきたり、雑談もよく聞くなど、小さな気遣いを積み重ねる

部下をより成長させるためには

☑ 男性部下に「ルール」を把握させる

男性は子どもや学生時代においても、所属するのは、小さいころであれば野球チーム、サッカーチーム、学生になれば部活など「組織」だったものが多いはず。その中で、レギュラーになる、リーダーになるために切磋琢磨していき、縦社会の基本的なルールを学んで育ちます。

男性の場合、意思決定において自分の気持ちを重視することはありません。どんなに苦手な相手や物事でも、それが決められたものであれば従うのが当たり前です（そうでなくては組織は立ち行きません）。男性はシステムをつくり、ルールにそって行動を決定しますから、男性からすると、ルールとして決まったことを「気持ち」で覆すなんてことは理解できないのです。

現在の企業や組織は、「男性のルール」においてつくられています。そのため、感情を全面に押し出すのはよくありません。本音はそうであっても、違った表現（男性のルール、つまり組織のルールにそった表現）ができるように工夫させていきましょう。

☑女性部下の「気持ち」を把握する

男性は女性がときに「わけのわからない理由」から物事を断ったり、否定したりする場面に遭遇したことがありませんか？

男性には「わけのわからない」の行動でも、実は女性には一貫した理由があります。

それは「感情」です。

女性は自分の行動を決めるときに「私は今どういう気持ちなのか？」ということを重視して判断します。これは意思決定における、女性の大きな特徴です。
このとき、女性の感情を否定して決定に従わせることは、あまり得策ではありません。なぜなら女性は感情を押し殺して働き続けると、病気をしてしまうくらいのストレスがかかってしまうからです。

結果的に、急に会社を辞めてしまったり、体や心を病んでしまったりすることがあります。感情を優先する女性を甘い考えと見ることもあるかもしれませんが、逆にそこを利用すれば、女性はものすごい能力を発揮します。マイナスと取るか、プラスと取るかはあなた次第なのです。

意思決定の場面においては、「ルールの男性」「気持ちの女性」という価値観の違いでコミュニケーションミスが起こりやすくなるため、お互いの理解がとても重要になります。

上司 虎の巻

部下が成長する近道

女 「感情」に振り回されない

男 「ルール」を知る

対 策

男性部下へ

この商品の場合の売れるパターンは……

仕事における規則やセオリーを教えてあげる

女性部下へ

なるほど、そう思うのか。今回の対象者の場合はどうだろう?

女性部下の感情を否定はしないが、それだけで判断しないように意識を向ける

「部下の男女混合チームをつくるとき」

☑男性は「序列」がわかると安心する

男女混合チームを編成するときや、チームに参加するときには、男性が参加者の「序列」がわかるようにするとうまく機能します。

チーム編成では、チームリーダーはAさん、サブリーダーはCさんのように決めてしまうのも手です。チーム内の序列がはっきりすれば、男性は安心してそのグループに所属することができます。

そして、男性が混乱するもう一つの理由は、女性の仕事の成果が見えにくいことにあります。女性は往々にして目立つことを嫌うために、仕事の成果をしっかりと伝えていない場合がとても多いのです。成果を伝えることは、実は相手に安心感を与えることと同じです。

ちゃんと成果を示すことで男性部下の意識も、「女の子扱い」から「頼りになる女性」に格上げされます。上司だって「この人になら任せてＯＫ」と思える人が周りにたくさんいるほうがいいに決まっていますよね。働く女性は、そのことをもっと意識していきましょう。

女性は「横並び」で安心する

女性は小さいころからおままごとなどの遊びで横社会の協調性を学び、人間関係においても争いをなるべく回避することを選んでいます。グループの中は安心できる場所で、闘いの場所ではありません。

女性の人間関係は「つるむ」こと。一緒にランチしたり、楽しくおしゃべりしたりして、横並びの仲を深めるのが女性です。

思春期の学校のクラスには女子グループが４つほどありました。

Aがギャルグループ、Bが部活中心のスポーツ少女グループ、Cがオタクグループ、Dが何にも属さない普通グループ。だいたい4大派閥です。

この4グループは一つのクラスの中で共存共栄していますから、「おはよう」などあいさつを交わすなどの付き合いはみんなきちんとしています。

このようにグループがうまくつくられているときにはいいのですが、無理やりAの子（ギャル）とCの子（オタク）を混ぜるようなことをすると、一気に問題が起きます。女性のグループ化は争い回避の手段ですから、尊重することが大切。

一番大切なのは、女性の人間関係をよく観察しておくことです。女性部下の人間関係を知るポイントは次の3つ。

・誰とランチを食べているか
・服装など、外見的な違いはどうか
・独身、既婚、子どもがいるなど、どんな属性で分かれているか

このように人間関係を把握し、少なくとも険悪な女性同士は同じプロジェクトに入れないことです。

上司 虎の巻

男女混合チームをつくるとき

女 「似たタイプ」とうまくやりたい

男 「序列」を明確にすると混乱しない

対策

男性部下へ

リーダーはFくん、チーフリーダーはGさん。アシスタントにAくん頼むよ

チーム内の役割を最初に決めると、仕事の進め方に混乱が生じにくい

女性部下へ

前回のチームはどうだった？ 雰囲気や仕事の仕方など参考になった部分や苦手なところあったら教えて

どんな人と仕事がしやすいか、事前の雑談などでリサーチしておく

「部下が上司を嫌いになる瞬間」

☑ 男性は「尊敬できない」と嫌いになる

男性が嫌いな上司は、師匠として尊敬できない人格と行動をする人です。仕事を丸投げされたり、みんなの前で厳しく叱責されたり、プライベートに介入されたり。自分よりも仕事ができない人が上司になったら、それだけでイライラするでしょう。

「仕事ができない」や「責任を取らない」は、嫌われる上司の代名詞です。あとは出世にしか興味がないため、部下の手柄を横取りしたり、保身に走るような上司も男性から嫌われます。男性部下が上司を嫌いになる瞬間は次の通り。

・仕事ができない
・あまりにも厳しい
・責任を取らない
・仕事を丸投げする
・失敗をしつこく叱責する
・機嫌で考え方が変わる
・保身が強すぎる
・出世・昇給しか頭にない
・部下の手柄を横取りする
・判断することを避ける
・経営陣に媚びている
・飲み会の場で説教をする

☑男性部下に好かれるための方法

部下に好かれる上司とは、今どきは仕事ができることだけではなく、相手の気持ちを考える能力があることです。

部下を本気にさせるためには、上司として本気で部下と接しなければいけないのです。これは骨の折れる作業ですが、必ず成果となって返ってくることでしょう。

いくら部下に尊敬されたいと思っていても、狙ってできるものではありません。本気で部下のことを考えることで、自然と部下が尊敬してくれるようになると思います。

そして、ぜひ、プライベートを充実させてください。

「プライベートが本業です」のキャッチコピーの時代です。

あなたの充実した人生が仕事に反映されて、それが部下に好かれる要素となります。あなたが幸せになることが部下の幸せにも繋がるのです。

☑ 女性は「生理的にムリ」だから嫌いになる

男性からはそれなりに評判がいいのに、女性から嫌われる上司もいます。「生理的にムリ」という女性特有の領域に踏みこむとアウトです。体育会系のノリで女性の部下にも接していると、早い段階で嫌われてしまいます。女性部下が上司を幻滅する瞬間は次の通り。

- 女性軽視の発言をする
- 女性社員には馴れ馴れしい
- 武勇伝がつまらない
- 可愛い子だけに優しい
- 距離が近くてボディタッチが多い

・わざと難しい単語を使う
・職場の女性2人以上に手を出している
・プライベートなことをしつこく聞いてくる
・休日中にメール（LINE）をしてくる
・加齢臭、たばこ、酒の臭いがキツい

女性は、上司の「人格」と「仕事の能力」を分けて考えるのが得意ではなく、人格に対して幻滅が重なっていくと「人として許せない」「生理的にイヤ」というところまでいってしまい、上司の「全否定」へとつながっていくようです。

☑ 女性部下に好かれるための方法

女性は直属の上司に対する信頼感が高まると、それがそのまま仕事へのモチベーションに直結します。ここでは女性部下からの信頼を得るための仕事の進め方を紹介していきます。

・褒めるときはプロセスも含める

男性は出した「結果」に対しての賞賛を褒めることが多いものですが、女性の場合は「プロセス」について褒めることが大切です。

「どれだけ努力していたか」
「仕事の進め方で工夫していたことがあったか」

という視点で女性部下の仕事ぶりを評価し褒めてあげましょう。

・仕事を通じて成長させる

今どきの女性部下は、男性部下よりも成長意欲が旺盛な人が多いです。褒めて励ましてくれる上司や、自分を伸ばしてくれる上司のことを信頼する傾向があります。女性部下の仕事ぶりやその成果をよく見てやり、適切なタイミングでそのがんばりを認めてあげましょう。

適切にフォローしながら新しい仕事を任せて、スキルを伸ばすことが更なる信頼に繋がります。

・いざ！ というときに守ってくれる

上司として責任を取り、部下を守る姿勢は、「この人は自分を守ってくれる」と部下が安心します。日ごろから責任は自分が取るという姿勢を部下に見せ、実際にそうなったときに盾となって部下を守ることができる上司は非常に信頼されます。

女性部下に対して背中を押すときも「何かあったら俺が責任取るから大丈夫だ。思い切ってやってこい！」と励ますことも非常にカッコよく映ります。女性部下は成果を出すために全力を尽くすことができるでしょう。

これとは逆に、問題が起きてしまったときに、上司が責任逃れをしたり、部下に押し付けてしまったら、一気に信頼は失われるでしょう。

本書では、男女の違いを指南していますが、近年は「男性の女性化」が著しい

上司 虎の巻

上司を嫌いになる瞬間

女 生理的に
ムリと思ったとき

男 尊敬できないと
感じたとき

対策

男性部下へ

**週末は山に行って来たんだよ。
たまにはリフレッシュしなきゃ
煮詰まっちゃうからな**

人間性やミスを頭から否定したりせず、
プライベートの充実が仕事の充実に
つながっていることが伝わるようにする

女性部下へ

いつも資料が細かくてすごいよ。タイトルと結論を大きく見せると成約率が上がることが多いから、やってみたらどうだろう?

上から目線で成功体験をひけらかすのではなく、
やってきたことを褒めながら、してほしいことを
提案すると生理的にムリとはならない

ですよね。

女性のように美容やライフスタイルに興味関心がある男性が増えてきました。仕事においても、女性のように自分の感情を重視したり、思い込みが激しい場合があります。そのような男性には、女性部下のような接し方を意識することが必要でしょう。

逆に男性のような価値観の女性部下も多くなってきています。そのときには男性部下と同じように接することが有効だといえます。

部下一人ひとりの特徴をよく見て、それぞれに合わせた接し方をすることが、上司としての良いマネジメントといえるでしょう。

部下トラブル
Case 01

親切のつもりがセクハラで訴えられた!

家電メーカー：広報部課長(43歳)

広報部の中で、外部との対応をする課をまとめているAさん。そこへ新しく配属されたのが、新卒で入社してきた23歳の女性Bさん。チームは5人のうち30代の男性が3人。仕事内容がハードで体育会系の雰囲気もある職場でした。

若い女性ということもあり、「今日もかわいいね」「彼氏との仲はどうだ?」などちょっとしたことでも声をかけるようにしていました。彼女もすぐに職場になじみ、雑談も楽しそうにしていたと思っていたのに、1か月もしないうちに会社を休みがちに。

心配したAさんは、ますます彼女を気にかけますが、休んだBさんは人事部にセクハラでもう会社に行きたくないと訴えてしまいました。

彼女の訴えによると、

・**逐一《ちくいち》声をかけること**

↓そもそも、男女差別。気遣われていることでほかの社員の人に対して後ろめたい気持ちになっていた

・**彼女のいいところを見つけるようにしてできるだけ褒めていた**

↓女性らしさを強調されているようで不快

・**成長してほしい期待を込めて、失敗したときはきちんと叱った**

↓突然みんなの前で怒鳴られることがありトラウマに。あまりの怖さでチャレンジすることができなくなった

・**雑談も積極的にするようにしていた**

↓いつも仕事の途中など突然で正直迷惑だった。上司から話しかけられたことだったので、ムリにすべて笑顔で応えていた

今回のケースでは

今の20代は学校教育で培った男女平等意識が高いので、女扱い、男扱いに敏感です。「若い女性だから」と特別扱いすること自体が「私に好意があるのでは？」ととられかねません。

ビジネスは恋愛感情を介さない男女間のコミュニケーションが基本ですから、相手からの好意を感じた瞬間「気持ちわるい」と避けたくなるのです。

好意を感じる、感じないは、部下の気持ち次第なので上司が操作できません。誤解されないようにするには、男女問わない褒め言葉、親切さで部下に接してください。

若い部下を叱るときは、大きな声で怒鳴るような行為は絶対にＮＧです。

2章

男性部下と女性部下の成果が上がる動かし方

優秀な人材がいないから、成果が出ないのではありません。
あなたが成果を出せるように部下を動かせていないだけ。
男と女とでは、仕事に対する姿勢や考え方が違いますし、
上司から受ける言葉の解釈も違います。

〝デキる部下〟は上司が育てることができるものなのです。

「部下がはじめての仕事をするとき」

☑ 男性部下へは「任せる」

最近は就職して3年以内に辞めてしまう人が多いことが問題になっています。離職予防の観点でお伝えしたいことがあります。

それは部下に「任せる」ということです。

特に新入社員に有効なのは、失敗しても大問題にならないようなプロジェクトを任せてみること。最近の20代、30代は能力が高い人が多いですし、「企画の仕事のために入社（転職）したのだから、明日からでもやりたい！」という人も多いです。

そうであれば、明日からでもやらせてあげてください。そうは言っても、なかなか任せられる仕事はないよという場合、とにかく何か企画を考えさせればいいのです。もしかすると、思いもよらないホームランを打ってくれるかもしれませんよ。

それから、よかれと思って手取り足取り面倒を見てあげていませんか？

実は、これを続けるといつまでたっても部下は自立することができません。甘やかされた息子のような社員になってしまっては、あとから苦労するのは上司である自分です。部下にしっかり指示して、信頼して「任せる」ことを意識することが大切です。

☑ 女性部下とは「一緒にする」

女性部下は、「共感」と「納得感」で動くことが多いです。

上司の言っていることだからと、何でも指示に従うわけではありません。自分で納得できない場合は、上司に反論することもあります。ここが上下関係に従順

上司 虎の巻

部下がはじめての仕事をするとき

女 わからないと進めない

男 わからなくても進めたい

部下にはこうしよう！

男 損害の生じない仕事はどんどん任せてみる

女 部下が腑に落ちるまで説明をする

な男性部下との違いです。

そのため「上司である」という権限で従わせるのではなく、言っていることの正しさや信頼関係でもって指導することが求められます。

女性部下にとって大切なことは「共感」と「納得感」です。そのため、女性部下には言葉を尽くしてアプローチすることが重要です。

女性部下のほうが、上司の説明やコミュニケーションによって仕事の成果が変わります。仕事の内容に共感して納得することで、仕事への責任感や力の入れようが男性部下よりも大きくなり、男性部下よりも成果を上げる傾向があるのです。

そのため、女性部下との効果的な接し方を把握し、うまくマネジメントすることができれば大きな成果を上げることができるでしょう。上司にとっては、異性である女性部下との適切な接し方を学ぶことはとても重要なことだということに一刻も早く気づくべきでしょう。

「部下に仕事を教えるとき」

☑ 男性部下に仕事は教えすぎない

前提論として、仕事を後輩に教えるのは男性の先輩と男性の後輩が向いています。男性は、一つのことに集中するのが得意な反面、1度でも集中が途切れるとまた集中状態に戻すのに時間がかかります。

また、作業に取り組んだとき、自分で考えながら進めます。集中して考えているときに声をかけられると、その流れが中断されるため、作業が進まなくなってしまいます。男性の疑問の波は30分～1時間ごとにきますので、そのころに声をかけるくらい放置するとよいでしょう。

なので男性部下へは「やっていいこと」、「してはいけないこと」を示したら、放置です！　あまりに口出しして教えすぎてしまうと、考えない部下になってしまいます。男性部下を育てるためには「口出し」をガマンです。

ちなみに女性部下からよく聞くのが、男性の先輩や上司が「何でも聞いて」と言ってくれたのに、何度も聞きに行くと不機嫌になる……という経験したことがあるということ。実は男性は、「何でも聞いて」と言っていますが、「何回でも聞いて」とは言っていないのです。質問をされることで集中が途切れるので、何回も質問をされると、そのたびに集中が途切れ、自分の仕事が進まなくなってしまうのです。

☑ 女性部下にはわかるまで教える

企業研修の場においてわたしが指導をするときには、女性には女性の上司・先輩を、男性には男性の上司・先輩をつけるようにアドバイスしています。

なぜなら同性同士のほうがうまくいくとわかっているからです。しかし、必ずしも部下の性別を選べるわけではありません。

まず、女性は新しい仕事を「わからないまま進める」ことに恐れを感じます。仕事につまずくと、その都度質問をしに来ます。男性はつい「もう少し自分で考えてから聞きに来いよ……」と思うかもしれませんが、女性社員はわからないまま進めて後でトラブルになってはよくないと考えているのです。だから10分ごとにでも質問に来ます。

しかし、このように頻繁に質問に来られては、自分の仕事が進みませんよね。まずは相手に、まとめて質問してほしいという要望を伝えるといいでしょう。「僕も締め切りがあるから、まとめて質問してね」のように、あらかじめ伝えておくといいですね。

また、「とりあえずできるところまで自分でがんばって進めてごらん」と伝えるのも手です。そうすれば「わからなくても進めていいんだ」ということがわかり、できるところまで進めるなり、その仕事は後回しにするなり、決めることができるからです。

ほかにも、質問の時間を「毎日○時にミーティングをする」と決めてルーティン化しておけば、そこまで質問をためておいてもらうこともできます。

このように「聞く姿勢を見せる」「ルール化をする」ことで、女性は安心して仕事ができるようになります。

職場というのは未だに男性社会ですから、チャレンジが認められる風土があります。チャレンジをすることをためらいがちな女性には、「自分で考えて、まずはやってみる」ことが大事だと伝えてあげましょう。

多少失敗があったとしても、上司はチャレンジしたことを評価するのを忘れてはいけません。「とりあえずやってみる」という価値観は、女性にはないもの。男性の世界での評価が高いことをそれとなく伝えるのも一つの手です。

上司 虎の巻

部下に仕事を教えるとき

女 わからないことはその都度聞きたい

男 自分で考えて進めたい

部下にはこうしよう!

男 集中を途切れさせないよう、30分〜1時間に一度声をかける

女 質問時間を決め、できるところまで進めるようチャレンジを促す

「部下のミスを叱るとき」

☑男性部下の叱り方は「期待を込めて」

男性部下を叱る場合は、相手が納得できる答えを用意するのがポイント。叱る前にじっくり失敗の原因を見極め、防ぐ方法を具体的に伝えることが必要です。

さらに、男性部下を叱るときには、できるだけ人の目につかない、会話を聞かれない場所で落ち着いて話をしましょう。

プライドが高い男性に対して「恥ずかしい」という感情は、人から冷静さを奪います。上司の要望がどんなに正当なものであっても、「恥をかかされた」と感じた瞬間、部下は不当な扱いを受けたと感じ、心を固く閉ざしてしまいかねません。また、叱られている最中も他人の目が気になって会話に集中できず、上司の伝えたいことが全く部下の耳に入っていかない可能性も高くなります。

叱られた内容を理解できなければ、また同じミスにつながるかもしれません。叱るのは、部下に恥ずかしい思いをさせることが目的ではありませんから、できるだけ人目を気にせずに、部下と本音で話し合える場所を選びましょう。

男性の叱り方は注意しないと権威的になってしまいます。勝ち負けを意識して叱っていませんか？　男性部下を負かすことが目的ではないはずです。屈服させる叱り方は相手の自尊心や能力を壊しかねません。

次のようなフレーズはＮＧです。

「だからお前はダメなんだよ」

「キミにはがっかりだ」

「もう信用できないな」

「お前、大学で何勉強してきたんだ？」
「どういう育ちしてきたんだ？」
「だからイマドキの若いやつはダメなんだ」

叱る際に大切にすべきなのは、「相手の成長を促すこと」と「自信を持ってもらうこと」。相手の長所を評価しながら叱ることが大切です。

「ここでミスをする傾向があるようだけど、何か原因に思い当たる？」と質問したり、「2回チェックするようにしてみようか」と提案するのもおすすめ。「君なら一晩考えればわかるんじゃないかな」と宿題を出すのも効果的です。言われた側は期待されていると受け取るからです。

ただし「わからなかったら一緒に考えよう」というひと言を付け加えるのもお忘れなく。

☑ 女性部下の叱り方は「ミスの指摘のみ」

管理職研修でよくでる質問の一つが「どうやって女性の部下を叱ったらいいんですか？」というもの。女性をうまく叱れないというのは多くの男性上司の悩みのようです。そこでも私は「叱る必要はないですよ」と繰り返し伝えています。

つまり女性は叱ってはダメなのです。

「こんなこともできないの？」
「誰でもできる仕事なんだけど」
「難しいことなんて頼んでないけどな」
「この仕事向いてないんじゃない」
「うちの会社には合わない」

このようなフレーズは決して言ってはいけません。

特に声の大きい男性に言いたいのですが、絶対に女性に対して大きな声を出してはいけません。女性は男性より体が小さくてか弱い存在だと自覚してください。もちろん「コラァ～！」のような恫喝《どうかつ》など論外。一瞬で女性は怒鳴る男性を大嫌いになります。

女性部下が、重要な書類の数字を間違えて提出してきたとします。「コラッ！　間違っているぞ。やり直せ！」など大きな声で恫喝された場合、「そんなふうに言わなくてもいいじゃない…。ただ間違えただけなのに！」と書類を間違えたことより恫喝されたことにフォーカスしてしまいます。

そして、その上司のことを「怖い」から「嫌い」になるのです。

女性は一度叱られた相手に心を開くことはありませんから、その後のコミュニケーションは非常に難しくなります。

大きな声を出さなくてもミスを指摘することはできるはずですよね。

「○○さん、ここの数字が間違っているよ。大事な書類だからすぐに直してくれ

上司 虎の巻

ミスを叱るとき

女 怒鳴られたくない

男 皆の前で恥をかきたくない

部下にはこうしよう！

男 人目につかない所でミスを指摘する。
このとき一緒に部下の長所も伝え、成長につながるようにする

女 ミスを冷静に指摘する。決して感情に任せて怒らない

ないかな？」と、真剣な顔と落ち着いた声で伝えれば、女性は純粋に「間違いを指摘された」と受け止めて「申し訳ありません、すぐに直します！」と即行動するでしょう。

さらに大切なのは、「叱った後」です。

女性は「嫌いな人」と接するのが男性より苦手なので、自分を叱った人と一緒に仕事をするときに、緊張するようになってしまいます。そして「また失敗したらどうしよう」「叱られたらどうしよう」といった気持ちが、さらなるミスを生んでしまうのです。こうして失敗してまた怒られる……という悪循環にはまりがちです。

こうなると仕事そのものの質が下がってしまいます。

嫌いで叱っているわけではない、ということを伝えるようにしましょう。

「部下に前のめりで仕事をやってほしいとき」

☑ 男性部下はモチベーションを刺激する

男性は「理屈」、女性は「感情」で動くといわれます。

そこで、男性部下には、「結論から言うこと」と、「数字など明確な根拠を示すこと」が大切です。成果思考が強いので、成果が上がったときはもちろん、上がらなかった際にも、そのプロセスで最も努力していた点については「褒める」「認める」ことで、今後のモチベーションになります。

男性は自分が育った環境に影響を受けて「正解」が違うので世代別に対応を変えることがコツです。

・40代～50代の男性社員の傾向

・組織やルールを尊重する
・長期の目標設定ができる
・会社への貢献についての評価を求める

・20代～30代の男性社員の傾向

・自分もしくは相手の気持ちを尊重する
・長期よりは短期の目標で早く評価を得たい
・自分の仕事への評価が気になる

仕事へのモチベーションは人それぞれ異なります。自分からやりたいと思う「内発的動機づけ」を刺激するためにも、部下それぞれの強みを明確に言葉にして伝えることが自信となり、モチベーションアップにつながるでしょう。

☑ 女性部下はチームワークを重視しよう

「自分がやる！」と手をあげたりするとき、男性は50％の確信があれば、あとはハッタリでやれてしまいますが、女性は100％確信がなければ手をあげてはいけないと思ってしまいます。この違いは大きいです。

努力して実績をあげたのに、それを自分の功績によるものだと思えないのが女性部下です。

「仕事が上手くいったのは、ラッキーだったから」
「周囲のスタッフのおかげ。景気が追い風になったから」

このように成功の全要因を自分以外に求める傾向にあります。なので、実績を考慮して昇進しても居心地の悪さを感じてしまうのです。

そして、何か失敗したときは、責任が自分にあると考えてしまいます。

こうして自らを過小評価してしまうために、有能な女性が出世しない事例が多いのです。

とても、もったいないことだと思います。


女性の仕事の能力の長所をあげるとしたら「お願いする力」です。

男性の仕事の欠点は、自分の仕事を抱え込んでしまうこと。自分の力だけでプラモデルを最後まで仕上げたいのと一緒です。

しかし女性は、相手の力量に応じて、仕事を振り分ける能力が高い。母親や妻が料理や掃除などを「ちょっと手伝ってくれる?」と家族に振り分けて、みんなで終わらせてしまうことと一緒です。


女性はチームみんなで助け合いながら仕事をするのが好きです。チームで成果を上げることは、自分の力だけではないと思いたい女性に向いています。一人でがんばらせないことが、仕事を前のめりにさせることにつながります。

上司 虎の巻

部下のモチベーションを上げるとき

女 チームで進めることがあるとモチベーションが上がる

男 ほめられるとモチベーションが上がる

部下にはこうしよう！

男 数字を出すなど具体的な成果を褒める

女 一人でがんばらせない。女性は責任を感じやすいのでチームで進めるようにすると安心して進められる

「部下の仕事ぶりを褒めるとき」

男性部下へは「結果」を重視する

男性は、「結果」を褒められると、褒められた！　と感じます。

一般的に男性は、良い結果が得られたとき、とにかくその良い結果が得られたことを褒められると、褒められた（認められた）と感じやすい傾向があります。

話しが極端かもしれませんが、良い結果を得られるまでの過程がどうであれ、男性は結果が良ければうれしいのです。

しかし、一生懸命がんばった結果が悪かったとき、その過程や努力を褒めても受け取りにくい傾向があります。みじめさを感じたり、バカにされているようにも感じてしまうかもしれません。いずれにしても、男性部下を褒める際には、結果を褒めればいいことを知っておきましょう。

また、これ以外で男性に効果的な褒め方のコツは、「頼りにしている」または「頼りになる」ことをストレートに伝えることでしょう。男性は女性と比べ、社会で認められたいという社会的欲求が強いので、それを刺激するような褒め方として言ってみるといいですよ。

・男性部下が喜ぶ褒め言葉

「仕事のクオリティが高いね」

「さすが、仕事が早い！」

「発想力がズバ抜けている」

「よくこれに気がついたなぁ」

「さすが○○さん、やっぱりプロだなぁ」

「○○さんにとても期待しています」

☑ 女性部下へは「プロセス」を重視する

女性は、「過程(努力・プロセス)」を褒められると「褒められた!」と感じます。一生懸命働く女性にとって、おやつの差し入れやランチのご馳走もうれしいけれど、一番うれしいのは上司からのねぎらいの言葉です。しかしその言葉が足りないばかりに、女性部下の協力を得られていない職場も少なくありません。

女性社員のやる気をアップさせることができれば、強力な即戦力となることはもちろん、上司としての評価も上がっていきます。そこで女性部下のやる気をアップさせるなら、「褒める」ではなく「ねぎらう」の言葉かけを選ぶようにするといいですね。

女性は、棚ぼた的に良い結果が得られても納得がいきません。ましてや結果のみを褒められてもうれしいとは感じません。結果に行き着くまでの過程や努力を見てほしいのです。

男性上司の立場からすれば、「結果が出ていないのに褒めようがない」と思う

上司 虎の巻

部下を褒めるとき

女 「過程」を褒められるとうれしい

男 「結果」を褒められるとうれしい

部下にはこうしよう!

男 「結果」だけをストレートにほめる。遠回しな言い方では伝わりにくい

女 ねぎらいの言葉や、過程のがんばりを褒める

かもしれませんが、そこに行き着くまでに一生懸命努力した過程や努力を認められると、女性は仕事へのエネルギーに変えることができます。

結果を褒めただけだったり、その結果に至るまでの過程や努力を上司が認めないと、女性の部下は「この上司はわかってくれない」と感じてモチベーションが下がってしまうでしょう。

・女性部下が喜ぶ褒め言葉

「いつもがんばっているね」

「すごく助かったよ、ありがとう！」

「○○さんのおかげでうまくいったよ」

「他部署の人が○○さんを褒めていたよ」

「○○さんの笑顔はみんなを明るくするね」

「遅くまでお疲れ様です」

部下と雑談をするとき

一般的に、女性のほうが男性よりも会話が得意です。女性は、次から次へと話題を変えて、その話題が面白いかどうかなど気にもとめずに喋り続けます。一方男性は、話題に面白さやオチを求め、自分の話にも一般論を持ち出したりして話題を終わらせてしまいがちです。

さて、話を聞いている側は、どちらを「会話が弾む」と感じるでしょうか？答えはもちろん、話題が豊富な前者です。せっかくの話題に対してオチをつけられたり結論づけられたりしてしまっては、話がすぐに終わってしまい会話が続きません。聞いているほうは退屈に感じてしまいます。

会話を続けるには、相手の話に耳を傾けることも重要です。ただ自分の話したいことを一方的に述べるよりも、相手の話に対し「まず同意すること」「肯定で答えること」を心がけましょう。相手に話の主導権を握らせる時間を持つことで会話が盛り上がります。

☑ 男性部下には「プライベート雑談」をしよう

男性部下とのコミュニケーションで有効なのは、休憩スペースや通勤途中で部下と遭遇したときに「自己開示」をすること。自分のプライベートを話題としてオープンにすることで相手は好意を抱き、相手も自らプライベートな話をしてくれるようになります。たとえば、いつも厳しい上司が「子ども好き」「家族思い」の一面をみせる。こういったことが好印象につながり、仕事に対する本音も打ち明けてくれるようになるでしょう。

しかしながら、プライベート話をするには注意が必要です。部下にとっては、上司のプライベートは少し知っているくらいがちょうど良いのです。また、部下にプライベートな質問を執拗《しつよう》にすることもタブーです。あくまでも「相談したい」

「話したい」という部下の自発的な行動を尊重しましょう。適度な距離感を保つことが、部下との良好な関係を築く上でのポイントですね。

☑女性部下には「リサーチ雑談」をしよう

女性部下は男性上司に対して、「忙しそうで話しかけづらい」「なんだか怖い」と親しみやすい印象を持っていないことが多いです。男性上司から女性部下に雑談をしてみましょう。テレビの話題でも、レストランの話でも、短い時間でもいいのです、雑談を繰り返しているうちに、だんだん心がほぐれていきます。

女性ならではの話として、リサーチという雑談もおすすめです。

「女性社員が少ない職場についてどう思うか」
「他部署の女性社員や同期の女性社員との交流があるか」
「どんなことをセクハラと感じるか」

など、女性の価値観がわかりやすい話題です。

女性部下の話は、否定語を使わずに共感して聞いてください。男性は、女性の話に対して、

「そういう考えは甘いよ」

「そうじゃなくて…」

など、否定するような言葉を使いがちです。男性上司は、部下に対して「こうなってほしい」が強ければ強いほど「そういう考えは甘い」という感覚を抱くと思いますが、それでは、部下は本音を話すことをやめてしまいます。

女性部下が話し始めたら、どんな話であっても、自分の常識は横に置いて、助言や意見は言わず「そうだね」「わかるよ」とあいづちだけで話を聞くといいでしょう。たとえ共感できる内容でなくても、まず受け止めるというスタンスです。相手の考えを理解しようとする姿勢、心構えを持ってくださいね。

年齢差、男女差、肩書の差はあれど、同じ人間同士です。

違いを尊重しつつ、相手の考えを知るために、自分の価値観や考え方を押し付けない話ができたら、雑談のエキスパートになれますよ。

上司 虎の巻

部下と雑談をするとき

女 忙しそうにしていると雑談していいのか悩ましい

男 上司にはプライベートを話しにくい

部下にはこうしよう！

男 自分のプライベートの話をする

女 話題のことや働き方などをどう思うか「聞く」ことから

部下とクライアント先へ行くとき

☑ 男性部下の前では活躍しすぎない

上司が営業に同行するとなれば、お客様以上に上司に対して気を遣ってしまったり、緊張してしまったりして、普段通りの振る舞いができなくなることもあります。男性は、勝ち負けや序列を気にするものです。だからこそ、上司として男性部下と同行するときはその感覚を外しましょう。

主役は部下であり、上司が目立ってはいけません。

元優秀な営業マンでも、今は上司として管理職を任されている場合、部下を差し置いて前面に出ていい場面は3つだけです。

・新人や目標を達成できない部下の教育

・部下がミスをしてしまったときのクレーム対応
・チームの予算達成のためのクロージング

上司が前面に出てしまった場合、「何かあったらこの人に言えばいいのだな」とクライアントに勘違いされることがあります。その瞬間、部下の立場がなくなり、クライアントにとっての存在意義はなくなります。このようなことを繰り返している上司は、部下からの信頼をなくしてしまいますよね。

上司の仕事は、部下をサポートすることでチームとして成果を出すことです。あくまで管理職であり、営業マンではありません。かつて優秀な営業マンであった頃の経験を生かして、今まさに違う仕事を任されているのですよね。立場が違う今、あらためて「優秀な営業マンだった」ことをアピールしてもムダなのです。

それよりも、上司として、管理職として優秀だということをアピールしましょう。それが、チームにとっても会社にとっても大きな利益になります。

部下としての在り方は、上司と同行して得たことを復習することにあります。

もし自分が一人だったら、という場面を想像して復習しましょう。上司に質問をして「自分なら……」と答えて、アドバイスをもらう姿勢をみせることで、仕事の意欲が伝わってきて、「同行してよかった」と思いそうではありませんか。

☑女性部下には積極性を促す

女性は男性よりも服装の自由度が高いので、クライアント同行にふさわしい身だしなみを教えましょう。

・基本的にダーク系のスーツ
・ジャケットのボタンはすべてとめる
・スカートの丈はひざより下（椅子に座ったときのために）
・ワイシャツの色は清潔感を表す白がおすすめ
・高級なものは身につけない

部下とクライアント先へ行くとき

女 失敗したくない　**男** 成果を出したい！

部下にはこうしよう！

男 サポート役に徹する

女 積極的に新しいことにチャレンジするよう促す

・ネックレスなどのアクセサリーは小ぶりで控えめなものを

最初のうちは緊張で話せることもなく、黙って先輩の隣にいるしかない状態だと思います。だからこそ、いつも以上に挨拶や聞く態度が重要になってくるのです。緊張していたとしても、顔はこわばらないように笑顔でいることを心がけるように伝えしましょう。楽しい話題は笑って、真面目な話をしているときや相手の話を聞くときは真剣な表情をするなど、女性ならでは表情の豊かさを発揮してもらいましょう。たとえクライアントが女性部下を見ていなかったとしても、相手の話をしっかり聞いているという印象をつけるために、相手の目を見て、正しいタイミングでの相づちを欠かさないことが大事になります。

上司との同行は、今まで経験しなかった場面に立ち会う事も多く、躊躇《ちゅうちょ》してしまうことがあるかもしれません。だからこそ、自分から挨拶をするなど、「やってみてもいいですか？」と積極的な提案をするよう促しましょう。自ら学ぶ姿勢を示すことは、上司からのアドバイスや指摘も受けやすくなりますよね。

「部下の相談を受けるとき」

☑男性部下からの相談には「コンサルタント」になる

男性は目的や結論を重視するので、悩みを相談した相手には解決策の提案を求めます。つまりコンサルタントの役目です。太古の昔、男達の集団での狩りに必要なのは、大きい獲物を倒すための問題解決能力でした。短時間で合理的に問題を解決する会話能力は、狩りの成功率を上げるために必要だったのです。

「絶対にこうしたほうがいい！」と意見を押しつけるのではなく「あくまでわたしの考えだけれど……」「一般的には……」など、「こんな方法はどうかな？」と解決法をさっと提案することができれば、相談者の力になれるはずです。

注意しなくてはならないのは、「ダメ出し」をすること。男性は自分の行動を「正しい」と思っていますから、ダメ出しをされると「攻撃された」と感じるのです。

「○○だからダメだったんじゃない？」

「そういうところあるよね」

「大丈夫？　できる？　本当に？」

といったような「ダメ出し」あるいは「批判」「干渉」は、男性への「攻撃」となってしまいますから、悩み相談の場で使わないようにしましょう。

☑女性部下からの相談には「カウンセラー」になる

女性部下が悩み解決のために、あなたに相談を持ちかけてきました。どのように対処しますか？

このときの正解は「ただ話を聞くだけ」。女性は悩みを相談した相手にただ話を聞いてほしいだけであり、答えは自分自身の中にすでにあるものです。ですから、相手には適度な相づちを打って聞き役に徹してほしいと思っています。それ

上司 虎の巻

部下からの相談を受けるとき

女 悩みを聞いてほしい

男 解決するためのヒントがほしい

部下にはこうしよう！

男 「コンサルタント」のような前向きな提案をする

女 「カウンセラー」のように聞き役に徹する

によって女性はしゃべりたいだけしゃべって、スッキリすることができるからです。

男性は、女性の相談に乗るのが、下手な人が多いようです。

たとえば、「嫌いな上司がいて仕事を辞めたい」という女性の相談に対して、「君にも問題があるんじゃないの？」とお説教をしたり、「そういう上司の対処方法は～」とアドバイスをしたり、「そんなの気にするなよ」と無関心であったり。

やってしまいがちではありませんか？　女性が求めているのは、このような回答ではありません。

女性にとって大切なのは「わかってくれた」という共感だけなのです。

「わかる、そうだよね」と相づちを打ちながら、ただ話を聞くだけが正解です。

そうするだけで「話を聞いてくれてありがとうございます。もう少しがんばってみます」と笑顔になるはずです。

部下の報連相を滞らせないために

☑ 男性部下には「ほうれんそう」を徹底させる

男性は自分の中に問題を抱えがちです。男性は、自分ひとりでなんとか問題を解決しようとしてしまうので、問題が自分で手に負えなくなる直前、もしくは手に負えなくなってから報告を上げるケースがあります。

男性特有のプライドなのか、女性より「恥」ということに敏感で、「ヘルプを出すことが恥ずかしい」という意識が見え隠れします。もちろん部下として、上司に対して、自分の業務の報告をする役割があることはわかっています。それなのに、どうして男性は自主的に報告しようとしないのでしょう？

おそらく、２つの心理が働いています。

一つは「上司に迷惑かけたくない」。

そして「上司に迷惑をかけて、自分の株を下げたくない」。

この2つが、上司への報連相を妨げているのです。

ちゃんと報連相してもらうためにも、

「毎日仕事の報告をしてくれると俺は助かるし、○○君の評価も上がる。○○君が一人で進めてしまうと俺が辛いんだよ」

など伝えてみましょう。

・報告したほうが上司は喜ぶ
・自分の評価も上がる
・報告されないと上司は辛い

このポイントを部下にはっきりとわからせましょう。

「報連相したほうがいいんだ」とわかると、それがモチベーションとなって仕事のモチベーションが上がります。

☑ 女性部下には「おひたし」の対応をする

女性は男性的な報連相が苦手です。基本的に報連相で伝える内容は、

報告：「こうしました」
連絡：「こういうことが起きました」
相談：「どうしたらいいでしょうか」

報告も連絡も相談も、すべて結果や結論です。男性はゴールから逆算する傾向にあるので、結論や結果を伝えて意思決定をするのがわかりやすいのです。

女性はプロセス重視なので、報連相をすることはイヤではないのですが、内容が気持ち重視の言い方になり、上手にまとめられないのです。

女性の報連相に対して、上司として素晴らしい対応法があります。

Ｔｗｉｔｔｅｒで「Ｈｏｙｏｕｎｄ」さんという方が提唱して10万いいね！

がついた「おひたし」というアイデアです。

お　怒らない
ひ　否定しない
た　助ける（困り事あれば）
し　指示する

つまり「ほうれんそう　の　おひたし」です。男性上司が「おひたし」の対応をしてくれれば、女性部下は安心して報連相をすることができるでしょう。

女性は「腑に落ちる」ことでコミュニケーションが前進します。腑に落ちないまま結論だけ押し付けられると、「わからないけどわかりました」（全然納得してないけど、言われた通りにやれってことね）状態に陥ってしまいます。

ですから、腑に落ちるためにプロセスを確認したい、報連相よりプロセスを伝えるための雑談をしたいのです。

上司 虎の巻

部下からの「報連相」について

女 過程までしっかり聞いてほしい

男 ミスや困ったことのヘルプを言いにくい

部下にはこうしよう！

男 悪いことほど「報連相」が必要なことをわからせる

女 結論を急かすのではなく、過程も聞く。急ぎの場合は日報に書いてもらったり、後で詳しく教えて、と伝える

「忙しくて部下に手をかけられないとき」

☑男性部下は勝手に仕事を進めてしまう

「上司が忙しすぎる」と部下は遠慮します。

例えば、会議が多く不在がちなうえ、CCで入ってくるメールがさばききれないほどの量があるという上司。その結果、部下からすれば、

「いつもいないから報告できない」

「メールで報告しても見落とされる」

というケースが生じます。

また忙しさゆえのストレスが言動に出てしまった結果、

「いつもイライラしていて話しかけるタイミングに気を遣う」

「報告中も返事がぶっきらぼうで怖い」

「ながら聞きで話をまったく聞いてない」

などの理由から、上司と部下のコミュニケーションがうまくいかなくなります。


上司に仕事の報告をしないことがあるという部下に話を聞くと、

「忙しそう」

「反対される」

「説明が面倒」

という言葉が返ってきます。

忙しさにかまけて部下に、

「いちいち報告しなくてもいい」

「まとめて報告しろ」

と言っていませんか？

そうされてしまうと、男性部下は上司に対して報告すべきか判断に迷った挙句、状況が悪化して手遅れになるということもあります。もともと自分の力でやりたいのが男性の性質ですから、報告できないとなると、どんどん自分だけで仕事を進めてしまいますよ。

特に20~30代のSNS世代は、人に対して必要以上に遠慮する傾向があり、ちょっとでも忙しそうだと感じれば話しかけるのをためらう性質を持っています。「この仕事が終わったら報告しろ」と伝えていたとしても、上司が忙しそうにしているのを見て話しかけづらいと思って報告をしないのです。

このような、SNS世代の特徴を知らずに今までどおりに接していると、部下との人間関係は悪くなり「辞める」という選択をされる事態を招いてしまいます。アナログ世代とSNS代との間には、とてつもない大きなギャップがあります。SNS世代の感覚を把握しておくというのは離職を防ぐためにも必須なのです。SNSを連絡ツールにするのも一つの手です。

☑ 女性部下はコミュニケーションを取りたがる

女性も先の男性部下のように忙しすぎる上司に話しかけることをためらいます。コミュニケーションを重視する女性部下には特に意識してコミュニケーションをとりましょう。おすすめなのは「前置き言葉」です。

別の言い方をすると「相手の立場や状況を思いやる言葉」です。

部下に指示をするとき、相手の状況や立場を思いやる言葉を最初につけることによって、相手は「自分のことをわかってくれている」と感じ、受け入れやすくなるという効果があります。「前置き言葉」をつけることで、自分のことをわかってくれるとうれしく感じます。

「前置き言葉」は簡単。指示を出すとき、相手のネガティブを先読みするのです。

・忙しい相手にさらに仕事を頼むとき

↓ 忙しいから大変だろうな

↓「忙しい中、申し訳ないんだけど…」

・苦手な分野の仕事を頼むとき

↓苦手な分野だから乗り気じゃないだろうな
↓「苦手な分野かもしれないけど…」

・これまでより難しい仕事を頼むとき

↓難しいから自信がないだろうな
↓「難しい仕事で不安に思うかもしれないけど…」

このように、相手のネガティブな思いを先読みして「前置き言葉」を活用してみてください。本来、仕事の指示をするときに前置き言葉は不要かもしれません。しかし、相手が仕事をしやすいように気持ちに配慮した言葉をかけることは良いことですよね。

上司 虎の巻

上司が忙しくて部下に手をかけられないとき

ハイハイ
僕たちで進めようぜ
いいのかしら……

女 声をかけられないのは悪い理由があるのではと不安になる

男 勝手に進めようと思う

部下にはこうしよう！

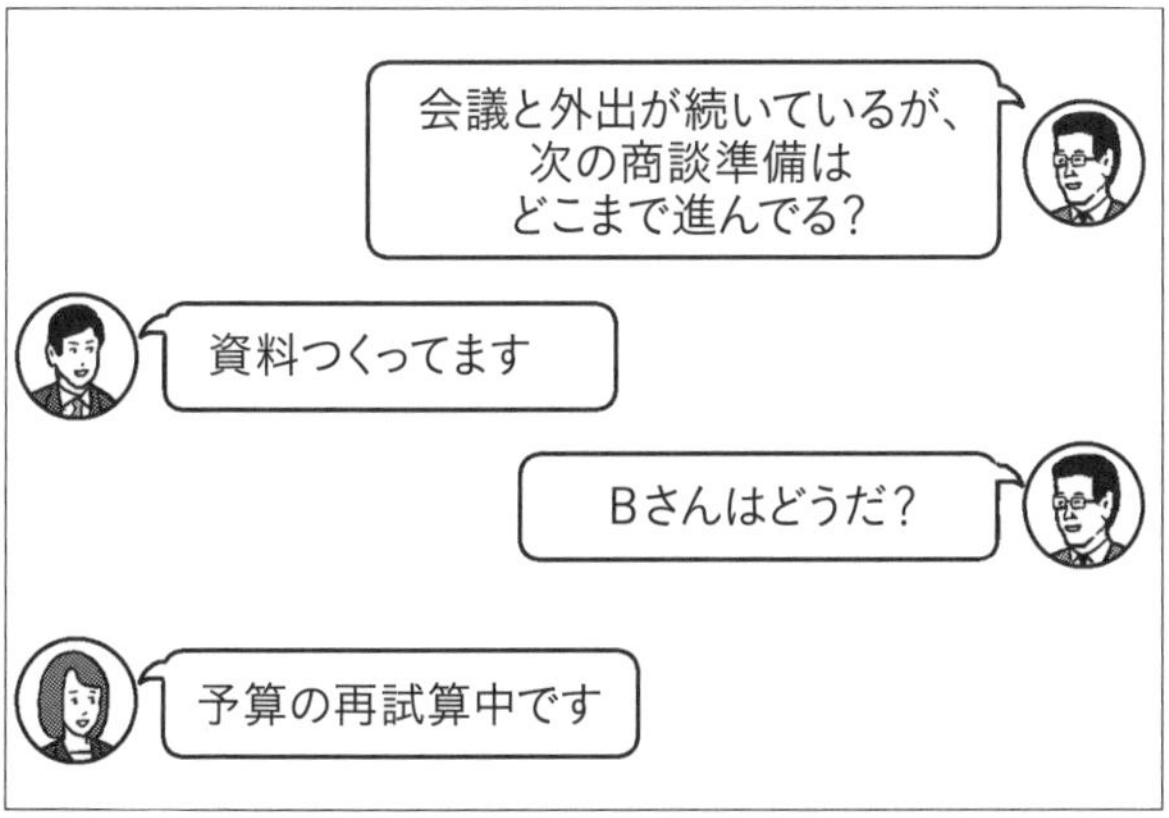
会議と外出が続いているが、次の商談準備はどこまで進んでる？
資料つくってます
Bさんはどうだ？
予算の再試算中です

男 SNSでもいいので、こまめに報連相するよう伝える

女 ひと言でも声をかける習慣を！

部下トラブル
Case 02

ちょっと叱っただけなのにパワハラと言われ左遷

住宅メーカー：広営業部課長Cさん（38歳）

「足で稼ぐ」の洗礼を受け、泥臭い営業でノルマを達成してきたCさん。この春、課長に就任し、気合も十分だったのですが……。

新人研修後にやってきた若手のDさん（24歳）からパワハラだと言われ、左遷が決まってしまいました。

事の発端は、営業ノルマの未達が続いたこと。

何とかしなければと思っていたところ、目についたのが、ニコニコと人当たりがいいDさん。電話のアポイントメントも聞き役にまわり、話を聞くだけで終わっている様子。

この「受け身の姿勢がノルマ未達の原因なのではないか？」と思ったCさんは

「そんな態度じゃ受注は取れない！　もっと攻めていかないと！」と注意しました。

自分が若いころに指導された教えを、彼にも知ってほしかったのです。

ところが、彼から返ってきた答えは「パワハラだ！」でした。

よかれと思ってした注意でしたし、自分が若いころに比べれば優しすぎるような声掛け。

「何を言っているんだ、反論するヒマがあったらもっと契約を取ってこい！」と受け流したところ、Dさんは部長へ報告。課長職を解かれ、地方の営業所へ左遷という事態に……。

イマドキの子は……と思いながらも、もっとパワハラに対して慎重な言動を取られなければならない時代なのかもしれないと思いながら身辺整理をする日々です。

今回のケースでは

今は、20年前の「24時間戦えますか」的な指導方法はパワハラになります。時代は変わり、昔の常識は、今の非常識です。

まず、部下の話をしっかり聞くことをしてなかったことが伺えます。

若い世代は、旧態依然とした上司部下より、先生と生徒のような関係を望みますから、

「いいからやれ!」

ではなく、

「どうすればいいと思う?」

とヒアリングしながら指導することをしましょう。

3章

男性部下、女性部下とのより良い関係の築き方

どんなにビジネスライクに進めても、
やはり仕事の成果を左右するのは〝人と人〟。
特に、部下からの信頼を得ることができ、
味方につけることができれば、
思いもよらぬサポートが受けられるかもしれません。

〝デキる上司〟ほど、部下に助けられているものなのです。

「始業前にしておくといいこと」

☑男性部下へは「仕事でよかったこと」を褒める

男性は競争社会で勝つことを重視し、プライドが高いので、仕事の前に褒めることでエンジンがかかりやすくなります。そして、わかりやすくて大げさな褒め言葉を好みます。

例えば「すごい」「さすが」は定番ですが、漠然としすぎていて心に響かない可能性があります。強い信頼関係をつくりたいなら、なるべく具体的な褒め言葉を使いましょう。

「あの会社から受注できたなんて、すごいな」

「プレゼン資料の説得力！　さすがだね」

自分の働きぶりを見てちゃんと評価してくれる上司がいることで、仕事への意欲がますます上がることでしょう。

そして、もっと部下を伸ばす威力がある「陰褒め（かげほめ）」もやってみましょう。これは、第三者へ紹介しながら褒めることです。

「佐藤君って、すごく丁寧な仕事するよね。安心して任せられるよ」

「高橋君は、いつも元気で笑顔がいいよね。職場が明るくなるよ」

この「陰褒め」のルールは、褒めた後に「佐藤君に言っておいて」など付け加えないことです。あくまで自然に本人の耳に入ることがモチベーションになるからです。上司への信頼もかなり大きくなります。

これらの「褒めワザ」は、男性部下とのコミュニケーションをスムーズにしたいとき、人脈を広げたいときに使ってみると有効です。

☑女性部下へは「仕事以外の変化」を褒める

女性は褒めてもらうことで、自分をわかってくれていると感じます。女性の外見を褒めることは仲良くなるキッカケとしておすすめですが、今、セクハラを気にしすぎて女性の外見を褒めない男性が増えてきました。

わたしも初対面の男性から外見を褒められることが数年前に比べて極端に減ったと感じます。逆に、女性は昔も今も外見をすごく褒めてくれるので、さらに男性の褒めなさすぎが気になります。

せっかく身だしなみとしてオシャレをしてもスルーされてしまうのは「あれ？　せっかくオシャレしてきたのに…」と女性の承認欲求が満たされず残念に思います。

セクハラを恐れ、女性を褒めることをそんなに怖がらなくても大丈夫です。

「その色、似合いますね」
「笑顔がいいですね」
「いつも爽やかですね」

このようにサラッと褒めると、女性も受け取りやすいです。

NGなのは、顔や身体について褒めること。

「スタイルいいね」
「足がキレイだね」
「肌がツヤツヤだね」

上司 虎の巻

始業前にしておくといいこと

女 外見の変化を褒められると嬉しいと思っている

男 エンジンのかかりが遅い

部下にはこうしよう!

男 部下の成果や良かったことを伝えてモチベーションを上げる

女 気合の入ったファッションや外見の変化はセクハラワードを避けて褒める

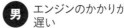

これは女性が言う場合は良い褒め言葉ですが、男性だとセクシャルに聞こえるかもしれません。ビジネスでは相応しくないので気をつけましょう。プライベートで彼女や妻に言うのはもちろんＯＫです。

他には、上司から笑顔で挨拶を返してもらえたり、お茶を入れたときに「ありがとう。○○さんが入れたお茶はいつも美味しいよ」とねぎらってもらうだけでも、仕事へのモチベーションが上がります。

「昼休みのうまい使い方」

☑男性部下とおすすめの昼休みの過ごし方

男性にとってのランチは、早い安い美味い＋お腹いっぱいが目的です。おそらく15分ぐらいで食べ終わるのではないでしょうか？

ですのでお昼休みは、ランチを食べ終わった後に何をするかが重要です。デキるビジネスマンになるために有効に使わないのはもったいない。

・勉強する
・本を読む
・ネットで情報収集をする

・適度な運動（散歩やストレッチ）
・寝る（目を閉じる）
・他業界の人とランチして人脈を広げる

ＳＮＳで交流している人や、同じビルの他社の人など他業界の方とランチをしながら情報交換することは特に有効です。ランチでの人脈づくりは、仕事帰りと違って時間が限られている分、短時間で中身の濃い話ができたり、お酒が入らないので健全な付き合いにつながりやすいというメリットがあります。ぜひ、部下を誘ってトライしてみてください。

☑ 女性部下の本音はお一人様ランチをしたい

ある調査によると､女性の理想のお昼休憩の過ごし方として６割近くの人が「一人でのんびり過ごしたい」という回答でした。しかし実際には６割の人が一人ラ

上司 虎の巻

昼休みにしておくといいこと

女 たまには一人になりたい……

男 早い、安い、美味いでおなかいっぱいになりたい！

部下にはこうしよう！

男 パワーランチに誘ったり、役立ったビジネス書を教えてあげたり、仕事に役立つ過ごし方を提案してあげる

女 社内の人間関係に変化がないか知るいいチャンス。よく観察しておく

ンチをしている実状はなく、仲良しグループで行動しているようです。

・職場ランチが苦痛
・つまらないランチを断りたい
・昼休みくらい一人になりたい

本音は一人で過ごしたいけれど、コミュニケーション能力が低い、付き合いが悪いと思われて、仲間はずれにされてしまうのが怖くて言い出せないようです。

実は、ランチをグループで食べることにストレスを感じている人が多いことを知っておきましょう。

女性のコミュニティは、シングル、既婚、子どもがいる、などの要素でグループ化される傾向にあります。男性上司は日ごろから、女性達がどのようなグループをつくっているかを観察しておくことが大切です。

男性にとっても、女性がどんなグループに属しているかを知ることは、仕事の上でプラスになります。なぜなら、気の合う女性同士で同じプロジェクトを組んだり、グループにしたりするほうが楽しいので、女性達はパフォーマンスがアップし、仕事の成果が出やすいからです。

女性とうまく仕事をしているデキる男性は、女性の人間関係のグループ行動についてきちっと抑えている人です。そのヒントがランチのグループにあるのでチェックしておきましょう。

ちょっとした空き時間に距離を縮める

☑男性部下とは共通の話題で盛り上がろう

男性は情報交換のために会話をしますが、一気に親しみを覚えて盛り上がる瞬間があります。

それはお互いの共通項や類似性を発見したとき。

心理学でよく知られた、「共通項・類似性の原理」です。出身地、出身校、趣味、職種、名字が一緒、好きなタレントが一緒など、何か共通点を見つけるだけで、会話がぐっと盛り上がるはずです。

距離を縮めたいなら、事前リサーチで相手との共通点をできるだけ多くチェッ

上司 虎の巻

空き時間にしておくといいこと

女 上司との距離が縮まるといいと思っている

男 上司と共通の話題があると嬉しいと思っている

部下にはこうしよう!

男 部下の出身や趣味などをリサーチして“共通点”をチェックしておく

女 敬語を少し崩して話す。これだけでフレンドリーな印象になる

クしておくといいかもしれません。

さらに、男性部下と打ちとけるためのテクニック。

それは、相手の名前を呼び、さらに相手を気遣う言葉をかけるというもの。

「○○君は、北海道の出身だったね。美味いものがたくさんあっていいなぁ」など、「相手の名前」と「相手を気遣う言葉」の両方を折り込むことで親近感がわき、一気に距離を縮めることができます。

☑ 女性部下へは敬語を緩ませてみよう

女性は共感を目的としたコミュニケーションのために会話をします。それなのに、上司だからといって、上から目線で接していませんか？

せっかく女性が好感を持っていたとしても、上から目線で接せられたがために印象が悪くなるケースはよくあります。

相手を思いやることができない人なんだと思われてしまいますので控えましょう。女性に対して無意識に上から目線の人は、謙虚な気持ちを持つようにすれば、自ずと上から目線な態度は消えるので努力してみましょう。

逆に失礼のないようにと気を遣いすぎて、いつまでも女性部下に敬語を使っている男性も多いようです。敬語は確かに失礼ではありませんが、毎日顔を合わせて仲が良くなっているのに、いつまでも敬語でいるのは相手にとっては距離を感じるものです。

特に若い女性部下は、上司からフレンドリーに接してもらいたいと思っていますので、雑談のときは敬語を少し緩ませてみましょう。コミュニケーションの壁がなくなるかもしれません。

「飲み会での コミュニケーションの取り方」

☑男性部下に飲み会のマナーを教えよう

かつては「飲みニケーション」などという言葉も使われて、会社での飲み会は貴重なコミュニケーションの場でした。しかし現在では、会社の飲み会に参加する男性も少なくなってきています。30代以下の男性は特に、仕事だけではなくプライベートも充実させたいと考えるという人が多くなっていますしね。

だからこそ、飲み会に参加して上司と部下のコミュニケーションを取ることで、周囲を一歩リードできるかもしれません。男性向けの飲み会マナーを紹介します。

①上司へお酌する（気が利くと思われる）

②たくさんの人と話す（情報が集まる）
③会話を楽しむ（社交性があると思われる）
④料理やお酒を頼む（気配りができると思われる）

飲み会で盛り上がりつつ紳士的に振る舞うことは、有能な人材だと認識されるチャンスです。積極的に参加するよう促してはいかがですか？

☑女性部下との飲み会はセクハラに気をつけて

仕事？　プライベート？

どちらとも考えられる会社の飲み会ですが、女性は就業時間が終わった後の行動は自由だと考えています。女性には家事や育児など、仕事が終わってからやるべきことが多いですからね。飲み会に参加したくない気持ちもわかります。

しかし、コミュニケーションとして断れない場面もあるでしょう。

女性部下がたまに飲み会に参加したときにも発揮できる、男性上司からの好感度の高い振る舞い方を紹介します。

①話に興味をもって盛り上げてほしい
②笑顔でツッコミしてほしい
③二次会に参加してほしい

なんだか、男性はずいぶん女性に甘えていますね。飲み会に女性がいること自体がうれしいという感じが伝わってきます。しかし、このうれしさが度が過ぎるとセクハラの領域になるのかもしれませんね。

セクハラに悩んでいる女性は想像以上に多く存在します。そのほとんどは「飲み会での性的な発言、おさわり」です。原因は、中年男性の上司世代のコミュニケーション能力の低さ。

上司 虎の巻

部下との飲み会があるとき

女 セクハラされるようなことがありませんようにと思っている

男 飲みニケーションは面倒くさいと思っている

部下にはこうしよう！

男 単にお酒を飲む場ではなく、自分をアピールできる場だということを伝える

女 部下に対して「職場」意識を絶対にはずさない

職場では、パワハラ、セクハラ、モラハラに気を遣って、部下とのコミュニケーションに消極的な上司が、飲み会でお酒を飲んだことで職場で抑えていたコミュニケーションの欲求を全開にしてしまう。でも、女性部下と何を話していいのかわからない……。だから「彼氏はいるのか？」「デートしてるのか？」などセクハラなネタを話題にしてしまうのです。

たしかに職場でセクハラ発言する人は激減しましたが、中年男性上司の飲みニケーション能力は、昭和で止まったままの人が多いです。だから「飲み会セクハラ問題」が無くならないのですね。

「仕事上の飲み会」という意識を忘れないようにしましょう。

年上部下に信頼されるために

☑ 男性年上部下には敬意を表して接する

年上部下はあなたをこんな風にみています。

①仕事ができるのか、できないのか？
②性格は良いのか、悪いのか？
③偉そうか控えめか？
④頼りになるのか、ならないのか？
⑤やる気があるのか、ないのか？

仕事をしながらこの項目をチェックして、上司に対する態度を決めます。

つまり、年下上司がどう振る舞うかによって、部下の態度が決まるということ。

そう、部下の態度はあなた自身がつくっているのです。


まず、部下であっても年上ですから敬語を使いましょう。上司だからといって決して偉そうにしないで年上を敬っていることを態度で示すことが大事です。


そして、相手の経験を尊重して教えを乞うこと。

「わたしは、まだまだ経験が浅いので」

「頼りにしています」

と言いましょう。年上部下に指示をする場合は、お願いするような言い方にすると引き受けてもらいやすいです。さらに上司が率先して動いて汗をかいている様子が伝わると、年上部下からの信頼を得られます。

人には感情があります。組織にはただ機械的な上下関係があるわけではなく、そこには、人と人との繋がりが存在します。だから、年上の部下をどう扱うか考えるときは「人との繋がり」を重視しましょう。

☑女性年上部下とはコミュニケーションを重視する

社会のグローバル化と共に、年功序列、男性優位の旧来の日本の企業の在り方が大きく変わってきました。女性の年上部下は、今後、増えることはあっても減ることはないと考えておいたほうがいいでしょう。

女性の年上部下を持った場合も、先の男性年上部下の接し方と同じですが、ノウハウに頼る前に考えることがあります。

それは、女性の特性として感情で動くことと、コミュニケーションを重視することです。

良い方法として相手の気持ちになりきることをおすすめします。

例えば、

「敬語を使われなかったら、嫌だな」

「上から目線の態度で接してきたら、ムッとするだろうな」

など、思いつく限り書き出してみることです。

なりきって考えることで女性年上の部下がされて嫌なことがわかるので、対応を間違えにくくなります。

女性年上部下のために自分はどうあるべきか？

相手の目線で考えるということです。このことを基本として、提案させていただいた方法や考え方を実践しつつ、年上部下との関係をより良好なものへと高めていってください。

上司 虎の巻

年上部下の上司になるとき

女 ヘンに気遣われ過ぎるのも困ると思っている

男 見下されたくないと思っている

部下にはこうしよう！

男 敬語で話すなど敬意を表する

女 相手の気持ちを考えて接する

「問題が起きないSNSの使い方」

☑上司なら知っておきたいビジネスでのSNSの使い方

SNSは仕事関係者にも見られていることを想定して使いましょう。

・投稿時間に気をつけましょう

SNSは投稿時間が表示されます。就業時間内の投稿を快く思わない仕事関係者もいるので避けましょう。コメントや「いいね！」をつける時間も同様です。

また情報漏えいの危険性があるので、会社支給のパソコンでSNSにアクセスはしないようにしましょう。

・情報の公開範囲を制限しましょう

仕事関係の人とプライベートな話題でつながれることはSNSの楽しさでもありますが、あまりにもふざけた投稿や、仕事のグチなどの投稿は、仕事関係の人を公開範囲から外すようにしましょう。投稿の内容によって公開相手を使い分けるのもビジネスマナーです。

・職場の写真は投稿しない

職場で同僚たちと写真を撮って盛り上がることもあるかもしれませんが、何気ないオフィスの写真でも、机の上の資料や掲示物など社外秘のものが写り込んでいる可能性を考えて、投稿は控えましょう。

SNSの世界でも高いコミュニケーション能力があると有利ですが、リスクと表裏一体であることは忘れずに。

各自のモラルに委ねるだけでは難しい場合もあるので、会社独自のＳＮＳルールを整備しておくといいでしょう。

☑部下として知っておきたい地雷を踏むＳＮＳ投稿

「会社の同僚がＳＮＳに投稿していたら一番不快に思うもの」アンケートによると、「仕事のネガティブな投稿」と答えた人が20％を占めてトップ。２位となったのは「仕事の充実をアピールする投稿」。３位は「忙しさをアピールする投稿」だそうです。

グチもだめ、充実もだめ、忙しいもだめ……。仕事のことをＳＮＳ投稿するなという感じですね。ＳＮＳはプライベートな投稿が安心なようです。

なお、あまり不快に思われない投稿内容は「料理の写真の投稿」や「勉強の投稿」など。仕事関連でも、スキルアップを目指すものであれば共感されやすいようです。

「結婚・離婚・妊娠などプライベートに対して」

報告を受ける上司が気をつけることは、部下の私生活の事情が変わっても応援するという言葉かけと行動です。部下が困ったときに相談したくなるような信頼関係を、日ごろから築くことが大事です。

部下が結婚、妊娠、離婚など人生の転機を職場の上司にどう伝えるかは悩ましいところです。特に最近はプライベートな事情を明らかにしたがらない人も多いので、報告しやすい環境をつくることが必要です。

・結婚

結婚式の日取りが決まったら、すぐに直属の上司に報告するのが正解です。先に同僚などに話してウワサになって最後に上司の耳に入って気まずくなったという事例もありますので、最初に上司に正式な報告をするよう伝えておきましょう。上司に伝えるタイミングは結婚式の3カ月前が一般的です。部下は上司を結婚式に招かない場合は「海外で挙げる」「家族や親族のみ」など理由を説明しましょう。

・妊娠や出産

部下には早い段階で伝えてもらうようにしましょう。家族構成によって給与額が変わることも多く、社内の担当部署と手続きを進めるには上司が知っておく必要があります。出産後に仕事を続ける場合は、これからどういう働き方をしたいのか希望を話し合いましょう。

・離婚

これもウワサになって上司の耳に入りやすい事柄です。ちゃんと報告して仕事に影響がない姿勢が大事です。腫れ物を触るような変な気遣いをすることは避けましょう。

今の職場環境は、私生活についておおっぴらに言わない傾向であり、個人情報に敏感な企業も多いでしょう。本人からの報告をフライングして詮索することは避けましょう。

しかし、上司としては部下のプライベートな情報を共有することで仕事をスムーズにさせることも大事です。部下から報告を受けたときには「お互いさまだから」の一言を伝えると周囲も協力しやすくなるでしょう。

部下トラブル
—
Case
03

熱心な指導のつもりがうつになり休職

SE：Sさん（33歳）

中途採用で入社してきた42歳のFさん。これまで使ってきたシステムが違うらしく、Sさんが指導係になりました。

年上だし、ちょっと気を遣うなと思ったのは最初だけ。ただでさえこなさなければならない仕事は山のようにあり、一刻も早く即戦力となってほしいと思い、ときには叱りながらも毎日、教え込んでいました。

ところが、Fさんは徐々に仕事を休むようになり、ついにぱったりと来なくなってしまいました。

なんと、指導が厳しすぎて、うつ病になってしまったというのです。泣きたいのはこっちだと思いつつ、Fさんの分の仕事も抱えています。

今回のケースでは

男性は、年齢の序列を気にします。

年上部下には「さすがですね！　すごいですね！」と立ててあげる言葉を挟みながら指導しましょう。教わるような姿勢で教えてあげると年上部下と円滑なコミュニケーションが取れます。

褒める、ねぎらう、認めることを指導に盛り込んでいれば、うつ病に追い込むことなく仕事を覚えられたでしょう。

4章

仕事のさせ方を知らないと起こる！ハラスメント

今や部下と接する上で欠かせない、
「ハラスメント」対策。
ですが、やりすぎると関係はドライになってしまいます。
いい塩梅《あんばい》で接することができるかどうか。
これこそ上司の力量が問われますが、
男女の違いがわかれば、恐れることはありません。
〝デキる上司〟は憎まれ口をたたいても
愛される技術を持っているものなのです。

あなたは大丈夫？「ハラスメントしやすい度」チェック！

「自分はハラスメントを起こしたこともないし、そういうタイプではない」と、自分とは関係ないことだと決めつけている人が多いこと！

本当にそう言いきれるのでしょうか？

ハラスメントを起こしやすい人ほどそう言います。

すぐに、156ページにあるチェックテストの質問に○・×で答えてください。

○のついた設問によって、何のハラスメントをしやすいか、傾向がわかります。

チェックテスト	
❶「自分は異性からのウケがいい」と思っている	
❷「女は女らしく、男は男らしくあるべきだ」と思っている	
❸「男のくせに」「女のくせに」と思っている	
❹ 女性か男性かで仕事を振り分けるべきだと思っている	
❺ 社会を支えているのは男性だと思っている	
❻ 事務仕事は女性のほうが向いていると思っている	
❼「異性の部下は扱いにくい」と思っている	
❽ 異性の容姿レベルをチェックすることがある	
❾ 女性は結婚して出産するのが幸せと思っている	
❿ 軽いボディタッチはコミュニケーションとして必要だと思っている	
⓫ お酒の席での多少のボディタッチは許されると思っている	
⓬ お酌をしない女性は気が利かないと思っている	
⓭ 女性の前で「下ネタ」を口にすることがある	

1-3に当てはまる人＝モラハラしやすい

4-7に当てはまる人＝パワハラしやすい

8-13に当てはまる人＝セクハラしやすい

「ハラスメントが起こりやすい「7つのシチュエーション」」

今や、誰もがハラスメントを起こさないようにしようと気を遣いながら仕事をしている状態。それでもハラスメントが起きてしまうのは、起きやすい状況があるからです。不要なトラブルを招かないためにも、ハラスメントの起きやすいシチュエーションを避けるように意識しましょう。

ハラスメントが起きやすいシチュエーションは7つあります。

①徐々にエスカレートしていきやすい「身体を触る」

ビジネス上で相手の身体を触る必要性はまったくありません（握手などの挨拶

を除く）。「ぜったいに触らない」と決めてしまいましょう。

②誘い方と引き際がポイントとなる「食事やデートに誘う」

仕事関係者に好意を抱いたときは、きわめて慎重にアプローチをしましょう。相手が心を開いてくれるまでは「好意」を見せないで気軽に誘うのがコツです。

③携帯電話やLINEで起きやすい「私的な連絡をする」

異性の仕事仲間にプライベートな相談（特に恋愛の相談）をされたりすることもあるでしょう。送信する前に「同姓が相手でも同じことを言うだろうか？」と一旦考えると誤解を与えません。

④プライベートに踏み込みすぎた「結婚・妊娠に言及する」

悪気なく聞いてしまう事柄ですが、対象になる女性はその話題についてかなり敏感です。ハラスメントと受け取られてしまったら、言い訳をしないで素直に謝りましょう。

⑤タメ口が煙たがられる「馴れ馴れしい話し方をする」

仲の良い異性の兄弟姉妹がいたり、学生時代に男女問わず親しくしていた人は、異性に対するハードルが低く自分でも気づかないうちに失礼な言動をしがちです。「自分は異性からのウケがいい」との思い込みを捨てましょう。

⑥服装や言葉遣いなどの「女らしさについて言及する」

これは年配の男性がやりがちです。自分の若いころと比べないようにしましょう。「昔なら女は女らしくが当たり前」などと思わないでください。職場の「男女混合チーム」では、同性だけの場合より気を配ることが大切です。

⑦卑猥な言動の温床になりやすい「職場の飲み会」

職場の飲み会では紳士的に振る舞うようにしましょう。

・飲み会のＮＧ行動

・お酒を無理やり飲ませない

・お酌を強要しない
・ボディタッチをしない
・異性に聞こえるように、下ネタ発言をしない
・デュエットを強要しない
・プライベートのことをしつこく聞かない

現代のハラスメントの発生原因は、ネット環境が整ったことで、少人数の人員で仕事が多くなり、スピードも早くなり、緊張した職場環境になったことが背景にあります。仕事や生活でのストレスが部下などの弱者に向けられることによってハラスメントが起きるのです。

しかしながら、職場でのコミュニケーション不足によるトラブルを、何でもかんでも悪意がある！　と決めつけてハラスメントに結びつけるのはいかがなものでしょう？　上司は部下の成長を想って怒ったり、コミュニケーションを取って

いるものです。だとしたら、それは感謝すべきことです。上司も冷静になって客観的な判断をするようにしてみましょう。

「ハラスメントの過半数は、「オフィスでの通常業務中」に起きている」

・上下関係（支配者と服従者）

まずは、上下関係の差が大きければ大きいほどハラスメント要素が強くなります。社会的立場が強い権力者であればあるほど、言動や行動に責任を持たなければなりません。

・「ステキ」と「キモイ」

女性は、本能的に男性を「ステキ」か「キモイ」で距離を判断するところがあります。

ステキと認識されるキーワードは「清潔」です。

キモイと認識されるキーワードは「不潔」です。

なので、男性の爽やかな身だしなみは、とても大切な要素です。言動や行動でも清潔か不潔かを判断されます。ハラスメント的な発言や行動はもちろん不潔と判断されます。

・人数比率

男女の人数比率に差がありすぎるとハラスメントのリスクが高くなるようです。

男女の比率が同じぐらいのクラスメートのような、和気あいあいとした職場環境だとハラスメントのリスクは低くなります。

「セクシャルハラスメント回避のための3つの理解」

昔ならば許されていたことも、今はセクシャルハラスメント＝セクハラだと、女性が声をあげはじめました。前は大丈夫だったたのに……なんていう考えでいると、あっという間に加害者になってしまうでしょう。

セクハラ加害者にならないためにも、次の3つのことを知っておきましょう。

・職場におけるセクハラは、職場で働く人の意に反する「性的な言葉や行動」によって起きるもの

・セクハラの判断基準は、通常（一般通常人としての女性または男性）の感じ方が判断の基準で、同じ行為をされても相手によって感じ方に違いがあるというのも事実

・仕事をするうえで「性的な言動や行動」は一切必要ない

容姿や恋人関係、性生活に関して話題にしたり、性的な冗談（下ネタ）を話すなどは、友人関係においては起こりうることです。しかし、それが職場の同僚や、上司・部下に向けられると、ほとんどが相手を不快にさせることだと知りましょう。

セクハラは、行為をされた本人がすべてを判断します。相手と良好な人間関係ができていると勝手な思い込みをしないこと。不快に感じるか否かには個人差があり、「この程度だったら○Ｋだろう」と勝手な憶測をしないでください。親しさを表すつもりの言動や行動が、相手を不快にさせてしまう場合があるのです。

職場では、容姿批判や性的な言動はしない。
職場では、働く人の身体を触らない。
これさえ守れば、男女ともセクハラで悩むことがなくなります。

「セクハラにならない女性の容姿の褒め方」

女性部下とコミュニケーションは取りたいけれど、セクハラと言われてしまうのではないかと思うと、何も言えなくなってしまうという人は多いと思います。

そこで、容姿に対する発言を女性がどのように感じるのかを知ることが大切です。

まず、ルックスの印象をストレートに告げてしまうと、褒め言葉でも嫌がられてしまいます。

・髪がサラサラだね
・スタイルいいね
・足キレイだね
・かわいい。美しい。目がクリクリしている

・肌がきれいでプリプリだね
・ムッチリしていて最高だね

一方で、ルックスそのものを褒めるのはNGでも、「雰囲気褒め」をするのは効果的です。

・さわやかですね
・上品ですね
・明るいですね
・清潔感ありますね
・かわいらしいですね
・オーラありますね

ちょっとした雑談や挨拶のときに加えてみてはいかがでしょうか？　そこから会話が広がり、部下との距離が縮まります。

「暴力、暴言だけではない！知っておきたいパワハラ」

相手に対して通常の業務を超えて過度に身体的苦痛を与えたり、職場環境をわざと悪化させて精神的に追いつめる行為をパワーハラスメント＝パワハラといいます。

パワハラは大きく6種類に分ける事ができます。

①暴行や傷害などの身体的な攻撃をする

叩く、蹴る、髪の毛を引っ張るなどの暴力行為は当然パワハラになります。これらの行為には、身体に痣《あざ》や切り傷などの痕が残るものだけでなく、書類で頭を叩いたり、ゴミを投げつける、なども含まれます。

②精神的な攻撃をする

必要以上に他人の前でミスを追求する、人格や家庭環境、学歴などを故意に否定するような事を言う、無能扱いする、などの行為もパワハラになります。

また、個人的に罵倒するような内容のメールを送りつけるだけでなく、ｃｃやｂｃｃに他の社員を含めさらし者にする、なども含まれます。

③社内の人間関係から切り離す

出勤時や退勤時の挨拶を無視する、業務連絡にも返答しない、部署内の飲み会などに理由なく誘わないなどの行為もパワハラになります。

また、職務上は必要ないにもかかわらず、一人だけ別室に席を移動させたり、適切な理由なしに無理やり自宅待機させる、なども含まれます。

④過大な要求をする

残業しても終わらない程の仕事を押し付ける、一人では処理しきれない仕事を一人だけでやらせる、本当は必要ない仕事をあえてやらせる、などの行為もパワハラになります。

これらの行為は、仕事に慣れた社員だけでなく、入社したばかりで右も左もまだわからない新人社員に対して起こりがちなパワハラです。

⑤過小な要求をする

仕事をまわさない、小さなミスを理由に業務から外す、例えば商品開発部なのに資料整理だけをさせるなどの行為もパワハラになります。

暴力行為や嫌味、悪口などの精神的な攻撃をしない代わりに、わざと仕事をさせないなどじわじわと追い込んでいく行為もパワハラです。

⑥プライベートに立ち入る

交際相手や家庭の事情などを必要以上に聞き出そうとする、宗教観やアルコールを飲まない理由、食べ物の好みなどをむやみに否定したり悪く言う、終業後や週末、有給をとった日に何をしていたのかなどをしつこく聞き出そうとするなど、業務とは関係のない個人情報をしつこく聞き出そうとしたりする行為もパワハラです。

「パワハラをしやすい上司のタイプ」

・気が弱い
・上からの圧力に弱い
・コミュニケーション能力が無い
・自分の意思が無い

この4つがそろった上司は要注意。

気が小さく、自分の上司に何も言えないので部下を攻撃することで自分の責任を回避しようとするのですね。結果が出ないのは自分の責任ではなく、部下の責任だということをアピールするために部下を攻撃するのです。

「パワハラを回避するために」

一見、何気ない会話のつもりでも、言い方には注意が必要です。

例えば、翌日までに仕上げなくてはならない急ぎの資料があり、誰かに残業してもらわないといけない場合。

「○○君、これ明日の朝一までに頼むよ」

では一方的で、部下にはパワハラだと感じるでしょう。

「○○君、申し訳ないけど、この資料、明日の朝一までに仕上げて欲しいんだ。もしかしたら残業になってしまうかもしれないけれど、君のつくる資料はいつも見やすくて会議でも評判だから、引き受けてくれるとすごく助かるんだよ」

というように、どうして頼みたいのか、どのようにして欲しいのか、などを明確に伝えることでパワハラにならなくなります。

コミュニケーションの取り方で相手が受ける印象は180度変わってきます。

日頃から意識してこまめにコミュニケーションを取り合うようにしていると、自然とお互いの性格や考え方もわかってくるので、パワハラという概念がなくなっていくと思います。

パワハラにならない叱咤激励の仕方

仕事上では特に「叱る」ときに、「これはパワハラになってしまうのではないか?」と思い、何も言えなくなってしまう人が増えているようです。

ミスや失敗の際に、上手に叱ることは部下の成長につながります。ぜひ、パワハラにならない叱咤激励の方法を覚えてください。

・感情ではなく、指導であるとの目的意識をしっかりと持つ

・具体的な行動や内容に焦点を当てる
・部下への伝わり方を確認する
・相手や状況に応じて指導をする

相手の理解力に合わせることが大切です。

部下の理解力、意識、職業上の知識や能力に合わせて指導を行うようにしましょう。意識の低い部下に対して自発的な行動を求めるのは難しいですが、遠回しに伝えるのでは部下の行動は変わりません。


例えば、遅刻を繰り返す部下に対しての叱り方は、

「どうして遅刻したんだ！」

「ばかやろう」

と言っても、具体的に何をしたらいいのか、部下はわからないということです。

伝える際のポイントは3つ。
・問題点の指摘「遅刻をすることで、問い合わせをしてきた顧客に迷惑がかかる」
・評価ポイント「組織としてルールを守ることが大事だ」
・今後と処置「遅刻が続くようであれば、減給処分となる」

そして、指導した後は、それが正しく伝わっているのかを必ず確認するようにしましょう。指導した事柄を実践させるのです。

実践として見える化できていないのであれば、「指導をした」というあなたの単なる自己満足で終わってしまいます。


「これを言ったらパワハラになるだろうか……」

と考えだしたらキリがないですが、部下を叱咤激励するための言葉を部下は必ずしもそう受け取らないことを肝に銘じて、行動、発言をするようにしましょう。

部下トラブル
Case 04

女性の職場をまとめられず胃が痛い日々……

スーパー・店長Fさん（40歳）

商社からの出向で、スーパーの店長となったFさん。

職場歴の長い女性のパート15人が店の中心を担っており、Fさんにとって心強い存在。パートの女性たちも、年下の新しい店長を助けてくれていました。

ところが、事態は新しいパートの女性を採用したことから起こりました。

欠員補充のため、新規募集でGさん（40歳）を採用しました。Fさんにとっては同年代で話しやすいという意識で、自然によく話をするように。もちろん、下心があったわけではありません。

しかしこの状況に、もともと働いていた女性たちは面白くありません。

先に居心地の悪さを感じたGさんはパートを辞め、やっと職場の雰囲気が悪くなっていることに気付いたFさん。

これまでパートの女性たちに助けられていた仕事が一気にふりかかり、ひいきをしたわけでも何でもないのに、なぜ総スカンを食らわなければならないのか？と不満でしかたありません。

今回のケースでは

女性の集団は横並び意識が強いので「えこひいき」にとても敏感です。

このケースでは、もともとあったコミュニティに新しく入り込んできた人が、店長にたくさん話しかけられて「えこひいき」されているように見えた。つまり、コミュニティが乱れたのです。その結果、対象者を無視してコミュニティから外す行動をします。

「えこひいき」したつもりがなくても、そう見えてしまったら、そうなのです。

上司がその感情を操作することはできません。女性の「みんなと一緒」気質を把握して、分け隔てないコミュニケーションを取ることを心がけましょう。

終章

男女の違いがわかると仕事はもっとうまくいく！

"縦社会の男"と"横社会の女"が交わるとき

男性が序列重視の「縦社会」で生きてきた一方、女性は人間関係重視の「横社会」で生きてきました。

その違いを理解しないまま、自分の物差しだけでコミュニケーションを取っているから、「セクハラだ」「パワハラだ」と叩かれてしまうのです。

男女を同一視して「セクハラをなくそう!」「女性が活躍できる社会にしよう!」と訴える風潮に、違和感を覚える人は少なくありません。

例えば、会話を例に男女の違いを表現してみましょう。

男性は情報交換のために会話をしますが、女性は共感を目的としたコミュニケーションのために会話をします。そのため、会話をしている相手と自分との共通点を探しながら会話を進める傾向があるのです。

会話の最中に「わかる！」「そう！　そう！」といった「わたしも同じですよ」という相づちを女性はよくします。この相づちが多ければ多いほど、女性は「会話が盛り上がっている」という認識が高まるのです。

もし、相手に共感できない場合や否定的な感情を抱いた場合は、お約束の「わかる！」を出すことができないため、この人とは気が合わないと判断してしまいます。女性との距離を縮めたいときは、会話の最中でいかに「……」（沈黙）を失くすかが大きなカギとなるのです。

「配慮のつもりが女性を追いつめる」

また、「女性は早く帰っていいよ」など「女性は○○しなくていいよ」と、女性であることを理由に何かをしなくていいと配慮するのはよくありません。

なぜなら、そうされることで、「わたしは○○をしなくていいと思われている」

「能力がないと考えられている」と思い込んでしまい、結果として能力や実力を伸ばすチャンスを諦めてしまうことになります。

しかしながら男性の「女性だから」という言い方は、発言した本人は善意のつもりであるのがほとんどです。言うのであれば「働く人」として大丈夫？　という視点にしましょう。

「会社」という社会は、今までは活躍する男性とサポートする女性という役割分担で発展してきました。その側面があるため、よかれと思って女性に対する配慮が生まれてしまうのでしょう。

そんなときは、かかわる人同士できちんと話し合うことをおすすめします。

女性部下自身がどう扱われたいのか？　を本人から本音を聞くのです。

先回りして女性に過度の配慮をするのではなく、本人の考えや上司としての自分の考えを伝えることが大切です。

「異性間コミュニケーションで一歩踏み込んだ関係を!」

今、日本国内では少子化の影響で、労働人口は急激に減少しており、日本の労働市場は、女性の労働力なくして維持できないところにまできています。しかし社会は、女性を活躍させることに四苦八苦しています。

「女性は感情で物事を判断する」
「女性の扱いは面倒」
「女性は結婚や育児で離職することが多い」
「女性は役職を与えられることを嫌がる」
「リーダーシップを取れる女性が少ない」

たしかに、女性が男性のようにガシガシと働けるのか？　という疑問もあるかと思います。

しかし、アプローチ次第で女性の顕在的、潜在的な能力を引き出し、活用することは可能です。そもそも、男性と女性は、頭の中も、仕事の目的も、全く違います。女性の強みを見いだし成長を促すことができれば、男性よりも頼りになる戦力になることは間違いありません。

・男性が女性に求めるもの

①信頼　②受け入れ　③感謝
④尊敬　⑤賛成　⑥励まし

・女性が男性に求めるもの

①関心　②理解　③尊重
④忠誠　⑤立証　⑥安心感

このような違いをお互いに把握することで異性への理解が深まります。

日常生活の人間関係のストレスは家庭、仕事がほとんどだと思います。男女の違いを理解して認め合えば、「どうしてわかってくれないの？」というストレスが減り、仕事も家庭も円滑に進みます。

私が考案した異性間コミュニケーションは、「相手」に矢印を向けるコミュニケーション方法として、自分が強くなれて相手に優しくなれる、失敗しない人間関係をつくることが得意です。

道徳的な「人間として」という観点よりも、もう一歩深く踏み込んだコミュニケーションが異性間コミュニケーションです。

ビジネスやパートナーシップに役立つ再現性の高いコンテンツです。ぜひ実践して職場で生かしてください。

おわりに

男性と女性、それぞれ考え方や性質が異なることが本書を通じて理解していただけたでしょうか？

テクノロジーが発達し、スマートフォン、パソコンが日常生活の中心になったことで、男性が活躍できる肉体労働が減り、女性と男性と同じ仕事をすることが可能になりました。草食男子と肉食女子と言われて久しく、男性も子育てと家事をするようになり、男女の役割が昔ほどはっきりしていない、男女が逆転しているような世の中です。

このような働き方に対する柔軟性や多様性をもつビジネスパーソン人口が増加し続け、仕事に対する「やりがい」や「喜び」が重視されるようになってきました。もう、お金のためだけに働く時代が終わろうとしています。

だからこそ、男女の違いを知って、相手を尊重するコミュニケーションを取ること、相手に何ができるのかを考える必要があるのです。

男性と女性の能力を活かすための秘訣は、男女それぞれが得意とすることを理解して伸ばすことにあります。男性は新たな仕事へのチャレンジや任せられることを重視し、女性は仕事を通して成長や自己肯定を感じられることを重視しています。そして、男性は「理屈説明」に優れていて、女性は「感情表現」に優れています。

このようなことを知っておくことで、仕事、特に上司と部下の間でお互いを理解し合うことができます。男女の違いを受け入れることで、気持ちよく仕事ができて成果も上がることが期待できるでしょう。

本書を世に出すためにご尽力してくださった糸井浩さん、青春出版社の布施綾子さん。いつも応援してくれている、親愛なる異性間コミュニケーション協会の仲間達。本当にありがとうございました。

本書がひとりでも多くのビジネスパーソンの手元に届き、笑顔が溢れる社会になりますように。

佐藤　律子

著者紹介

佐藤律子　一般社団法人異性間コミュニケーション協会代表理事。株式会社アートセレモニー代表取締役社長。
あらゆる学問を通じて、男女の違いを体系化した「異性間コミュニケーション」を考案。年間100回を超えるセミナーや講演、研修、企業でのコンサルティングを行う。女性の社会進出が高まる一方、“男社会”だったビジネスの場で、もっとスムーズなコミュニケーションを実現し、成果を上げてほしいと本書の執筆に至った。

公式ＨＰ：http://www.iseikan.jp/
ブログ：https://ameblo.jp/artbridal/

ほめられると伸《の》びる男《おとこ》×ねぎらわれるとやる気《き》が出《で》る女《おんな》

2018年12月１日　第１刷

著　　者　佐《さ》藤《とう》律《りつ》子《こ》

発 行 者　小澤源太郎

責任編集　株式会社 プライム涌光
電話　編集部　03(3203)2850

発 行 所　株式会社 青春出版社
東京都新宿区若松町12番１号 〒162-0056
振替番号　00190-7-98602
電話　営業部　03(3207)1916

印　刷　中央精版印刷　　製　本　大口製本

万一、落丁、乱丁がありました節は、お取りかえします。
ISBN978-4-413-23106-0 C0030

100歳まで歩ける
「やわらかおしり」のつくり方
磯﨑文雄

ここ一番のメンタル力
小心者思考 その強さの秘密
最後に勝つ人が持っているものは何か
松本幸夫

「ことば力」のある子は必ず伸びる！
自分で考えてうまく伝えられる子の育て方
髙取しづか

中学受験
見るだけでわかる社会のツボ
馬屋原吉博

男の婚活は会話が8割
「また会いたい」にはワケがある！
植草美幸

青春出版社の四六判シリーズ

変わる入試に強くなる
小3までに伸ばしたい「作文力」
樋口裕一 白藍塾

防衛大式 最強のメンタル
心を守る強い武器を持て！
濱潟好古

マンガでよくわかる
逆境を生き抜く
「打たれ強さ」の秘密
岡本正善

中学受験は親が9割 最新版
西村則康

100人の女性が語った！
もっと一緒にいたい 大人の男の会話術
言葉に艶がある人になら、口説かれてもいい
潮凪洋介